人物叢書

新装版

三《み》善《よし》清《きよ》行《ゆき》

所　功

日本歴史学会編集

吉川弘文館

三善清行像（京都市北野神社蔵『北野天神縁起』部分）

藤原時平（左）を見舞う清行（右）と浄蔵（手前）

備中国衙の址（国山県総社市金井戸北国府）

「意見十二箇条」の末尾
（愛知県猿投神社蔵　鎌倉時代書写『本朝文粋』巻二）

はしがき

三善清行といえば、醍醐天皇に『意見十二箇条』を上奏した文人官吏として、名前は広く知られている。しかし、その伝記は、現存の史料が少ないためか、今まで充分研究されたことがないらしく、このたび世に出る小著が、つたないながらも、一冊に纏《まと》まった最初の清行伝となろう。

清行は、古来一般に、菅原道真のライヴァルと考えられている。たしかに清行が、辛酉革命論を使って道真追放に一役買ったことは否めない。けれども、単純に道真を謹厳な聖人、清行を強引な策士とのみ割り切ることは、早計であろう。何となれば、二人の出自と官歴には、大きな差があったからである。道真は、文人参議の子に生まれ、宇多天皇の殊遇をえて、ついに右大臣にまで登った。これに対して清行は、下級官吏の子に生まれ、権門藤原氏に接近して、ようやく参議の座に辿り着いた感が強い。つまり、家柄と文才に恵まれた道真は、ひたすら職務を励むうちに、おのずと栄進の道も開けた感があるのに対して、それほど家柄に恵まれなかった清行は、持前の文才をフルに活かして、みずから昇進の機を摑《つか》まねばならなかったのであろう。

しからば清行は、どのように文才を活かし、どのように昇進を遂げていったのか。その七十二年の生涯を、当時の政治情勢との関わりや、周辺の文人官吏との交わりの中に位置づけながら、できるだけ立体的に描き出そうとしたのが、この小著である。けれども、清行の伝記史料は極めて少なく、それを充分に駆使するだけの見識と経験を持たない今の私には、いかほど清行の実像を明らかにしえたか、全く心もとない。内容の貧しさ、文章の拙さは蔽《おお》うべくもないが、史料の見落しや記載の間違いなどにお気付きの読者は、どうか細大となくお教え頂きたいと思う。

ところで、私が清行の事績に興味を持ち、それを学部の卒論テーマに選んだのは、ちょうど坂本太郎博士の人物叢書『菅原道真』が出版された昭和三十七年の暮頃である。私は高校三年のころから人物叢書を愛読し、大学に入ってからも、新刊の出るたびに、往復四時間半を要した通学電車のなかで走り読みすることを楽しみにしていたが、とりわけ坂本博士の著書には深い感動を覚えた。私はそれを何度も読み返して、その平明簡潔な叙述にますます心を引かれ、できれば自分も道真の活躍した平安初期の政治史を専攻しようと考えた。そこで、早速二人の先生に相談したところ、期せずして、三善清行の『意見十二箇条』を研究したら面白いだろう、と勧められた。二人の先生とは、当時『三代実録』講読などを指導して頂いていた彌永貞三教授と、そのころ『日本上古史研究』を主宰しておられた田中卓博士である。

けれども、生来愚鈍な私は、清行の伝記的研究だけに一年余を使ってしまい、大学院では『意見十二箇条』の中心をなす律令的地方行政史の問題点を扱ったけれども、奉職してからは再び学部の卒論の新訂増補に力を注ぎ、はや四年も費してしまった。

しかし、その間に新しく知りえたことも少なくない。たとえば、本書に入れた三葉の清行像にしても、私にとっては意外な発見？であった。まず口絵の『北野天神縁起』にみえる清行像は、この春休みに何気なく『日本絵巻物全集』所収本をめくっていて気づいたものである。また挿図の『扶桑皇統記図会《ずえ》』にみえる清行像は、三年程前に旅先でフラリと入った小さな古書店で見つけたものであり、さらに最後の三善醇雄氏が所蔵される清行像も、昨年正月上京したさい、たまたま駅で開いた電話帳によって同家の住所を知り、早速そこを訪ねて見せて頂いたものである。いずれも偶然というより、不思議なめぐりあわせといった方がふさわしい。そのうえ、このたび日本歴史学会より、拙稿を人物叢書の一冊として纒めなおす機会を与えられたことは、筆舌につくしがたい喜びである。

小著は、もちろん私にとって最初の著書であり、これを仕上げるには、実に数多くの方々の御芳情を忝《かたじけな》くした。とくに拙稿を人物叢書に御推薦賜わった坂本太郎博士、出身校の名古屋大学で御教導下さった中村栄孝（現天理大学）教授と彌永貞三（現東京大学）教授、勤務校の皇学館大学にて御指導を頂いている久保田収文学部長と田中卓博士、著書・論文などを通じて御示教賜わった金沢大学教授川口久雄氏・関西大学教授横田健一氏・共立女子大学教授大曾根章介氏・中央大学助教授飯田瑞穂氏、名古屋の古代史研究会の先輩と友人たち、口絵・挿図などについて種々お世話下さった北野神社・猿投神社・藤井駿氏・三善醇雄氏・朧谷壽氏・山本昌治氏、および吉川弘文館編集部の各位に対して、厚く御礼を申し述べたい。

なお、私事にわたるが、奇しくも今日は、私の生後まもなく出征した父が戦死してから満二十七年の祥月命日にあたる。本書が完成したら、その一冊を、まず父の霊前に捧げたいと思う。

昭和四十五年七月二十七日

所　功

目次

口絵

挿図

第一　出生前後

一　三善氏の系譜

清行の出自

三善氏には、二つの流れがあった。その一つは、百済系帰化人の系統に属し、いま一つは、漢族系帰化人の系統に属する。両者の関係については後述するが（第九の二参照）、前者は、錦部首《にしごりおびと》→錦部連《むらじ》から三善宿禰《すくね》→三善朝臣《あそん》へと改氏姓しているのに対して、後者は、錦部村主《すぐり》→錦宿禰から三善朝臣へと改氏姓されている。清行はこのうち前者の流れを汲む一人であった（『拾遺往生伝』中）。

しかし、清行以前の三善宿禰については、ほとんど史料がなく、確かなことはわからない。ただ太田亮《りょう》氏が『姓氏家系大辞典』に引用しておられる「系図」（今佚）

によれば、「伊予守《いよのかみ》克興《かつおき》」なる人物のとき、錦部から三善に改められたという。残念ながら、この克興は、六国史《りっこくし》（日本書紀以下の六つの官撰史書）にも古文書類にも全く名を留めていない。しかし、実在人物とみなしてよければ、「系図」の前後関係から平安初頭の人物と推定できる。しかも『日本後紀《こうき》』（および『類聚国史《るいじゅう》』）によれば、この平安初頭（延暦《えんりゃく》末年）には、安殿《あて》親王（平城天皇）の乳母《めのと》であった「錦部連姉継《あねつぐ》」が、三善宿禰に改氏姓している。従って、そのころに克興も改氏姓を許されたという所伝は、一応信用してよいのではないかと思う（拙稿「続類従未収本『三善氏系図』考」『塙検校歿後百五十年記念論文集』所収）。

錦部連から三善宿禰へ

ちなみに、三善姉継の近親かと思われる人物が、『日本後紀』や『平安遺文』に散見する。その一人は、弘仁元年（八一〇）、後宮《こうきゅう》（皇后・妃・夫人などの住む内裏の中の殿舎）関係者の叙位に際して無位から従五位下を賜わった「三善宿禰弟姉《おとあね》」であり、いま一人は弘仁八年（八一七）ころ、右京四条二坊に住んでいた「従八位上三善宿禰弟正《おとまさ》」である。この姉継・弟姉・弟正らの関係を確かめるすべは、まだ見いだしえないが、もし同一親族であり、しかも前述の克興とも何らかの関係があったとすれば、三善一族の発展は、姉継・弟姉が平城《へいぜい》・嵯峨天皇の後宮と結びつくことによって、その基盤が築かれたといえるのではなかろうか。

二　承和の変の波紋

父氏吉は下級坊官か

清行の父親は、『公卿補任』に「淡路守従五位下氏吉《うじよし》」とあり、母は佐伯《さえき》氏の出である。この両親の消息は、ごく断片的にしか伝わらないが、父氏吉は承和《じょうわ》初年、皇太子恒貞《つねさだ》親王の下級坊官《ぼうかん》（皇太子に仕える東宮坊の下級官）を勤めていたようである。

周知のごとく、恒貞親王は、淳和《じゅんな》天皇と嵯峨皇女正子内親王との間に生まれた第二皇子であるが、前例にならって、仁明《にんみょう》天皇即位のさい皇太子に立てられた。しかし、当時すでに仁明天皇と藤原冬嗣《ふゆつぐ》の女《むすめ》順子との間には、道康《みちやす》親王（文徳天皇）が生まれており、そのころ急速に勢力を伸ばしつつあった冬嗣の男良房《むすこよしふさ》は、この外戚関係にある道康親王を、何とかして皇位につけたいと機を窺《うかが》っていたようである。やがて承和七年（八四〇）五月、淳和上皇が崩ぜられ、ついで同九年七月、嵯峨上皇も崩ぜられると、良房は機を逸せず、恒貞親王一派の追放に乗り出した。

承和の変による配流者

すなわち、早くも嵯峨上皇崩御の翌々日、東宮坊帯刀《たてわき》（皇太子を警護する官人）伴健岑《とものこわみね》とその関係者が、突如「謀反」の廉《かど》で捕えられ、その数日後、恒貞親王は皇太子位を奪われ、また親王の岳《がく》父《ふ》（妻方の父）大納言藤原愛発《あらち》も京外に追放され、さらに百名ちかい「坊司および侍者帯刀等」「自

恒貞親王の「入道塚」
（京都市右京区嵯峨大沢町）

余の雑色《ぞうしき》諸人」が、全国各地へ配流されたのである。その結果、良房は、道康親王を皇太子に立てることに成功して、外戚の地位を獲得した。また同時に、自身も大納言に昇格して、政権樹立への巨歩を進めた（玉井力氏「承和の変について」『歴史学研究』第二八六号参照）。

ところで、この承和の変に連坐（罪に連なり服役する事）した人々のうち、配流の途中に死んだ橘逸勢と謫地《たくち》で歿した参議兼春宮大夫文室秋津《ふんやのあきつ》ほか三名を除けば、いずれも数年以内に京へ召し返されている。その最も早い例は、周防《すおう》（今の山口県東部）へ流された東宮学士（皇太子の学問係）春澄善縄《はるずみのよしただ》であって、わずか半年後に文章博士《もんじょうはかせ》として返り咲いた。しかし大半の人々（七十六名）は、承和十二年（八四五）後半から翌年初頭にかけて帰京を聴《ゆる》されている。そして実は、この召還「配流人」のなかに「正六位上三善宿禰氏吉」もいたのであり、これが氏吉の初見である（『続日本後紀』承和十二年八月丙子条）。

恒貞親王との関係

もちろん、これだけでは氏吉が恒貞親王の下級坊官であったらしいことは一応推定しえても、どうして坊官となり、どんな任務についていたのか、などということは全く判らない。しかし、若干の推測が許されるならば、この氏吉も、前述のごとく平安初頭から姉継や弟姉が後宮に入って一族発展の基盤を築いたと思われる三善氏の一人であろう。とすれば、春宮坊に出仕する糸口はあったであろうし、たとえ雑色《ぞうしき》人(雑役に従事する下級官)であっても、必ずや親王の人柄を折々に見聞していたことであろう。ちなみに、後年(延喜初年)、清行が著作したとみられる『恒貞親王伝』は、親王にきわめて好意的な立場から、具体的な挿話を盛り込んでいる。その素材提供者の一人は、おそらく氏吉であったとみてよいであろう(第六の三参照)。

帰京後の氏吉

ともあれ氏吉は、承和の変に連坐して約三年間の流謫《るたく》生活を送り、ようやく京に召し返された。しかし、その後も長らく失意の生活を余儀なくされ、帰京後十二年目の天安元年(八五七)、やっと外《げ》従五位下に叙され、その翌々年(貞観《じょうがん》元年、八五九)、淡路守に任ぜられている。淡路の国(現在の淡路島)といえば、わずか二郡を管する島国であり、守《かみ》(長官)とはいえ、相当位は従六位下にすぎない。家柄の制約を考えに入れても、十数年のブランクを耐え忍んだ氏吉に対する待遇としては、余りに低い感がある。

淡路で病床に臥す

しかも氏吉は、淡路赴任中に病を得、危篤に陥った。そこへ「能《よ》く鬼を見、人の死生を知る」老婆が、阿波(徳島)からやってきたので、氏吉の妻(清行の母)は、その老婆を夫の病床に侍せしめた。すると老婆は「裸の鬼が椎《つち》を持って府君(氏吉)の寝ているところへ向かってきましたが、それを一人の丈夫が怒って追い返しています。こんなことが一日に何度もあり、府君は辛うじて命脈を保っていますが、その丈夫をよくみると、府君の氏神に似ています。従って、ひたすらその氏神に祈禱したらよい。」というので、その通りに祈ったところ、ついに裸の鬼は丈夫の力で追い払われてしまい、氏吉の病気は即日平癒した。けれども、病はまもなく再発したので、再び老婆を招いて病床に侍せしめた。しかし、老婆は、丈夫の言葉をかりて「此の人(氏吉)の運命は已《すで》に尽きた。もはや生きる道理は無い。悲しいかな、垂水《たるみ》の古社（氏神を祭る神社か、所在地不明）は、まさに丘の藪《やぶ》になってしまうことであろう。」と予言し、事実その数日後、氏吉は息を引き取ったという。まことに不可思議な逸話であるが、これは清行自身が晩年にまとめた『善家異記』（『政事要略』巻七十所引）の所伝であるから、物語の骨子（氏吉が赴任先で病歿したこと）は信用してよいであろう。ただし、年次の記載には少し記憶ちがいがみられ、『三代実録』および『公卿補任』によれば、その赴任時は貞観元年（八五九）、また卒年次（歿年）は貞観四年初頭と改められねばならない（拙稿「三善清行の家族」『古代文化』二〇ノ一二参照）。

以上が、清行の父氏吉の概貌《がいぼう》である。その一生は、仮に前半順調であったにせよ、図《はか》らずも承和の変に際会してからは、流謫生活三年、失意の生活十数年、赴任先での闘病生活一両年を送らねばならなかった。まことに不幸な人物というほかない。

大江音人との対比

ちなみに、大江千里の父音人《おとんど》も、氏吉と同じく承和の変に連坐して尾張国（今の愛知県西半分）に配流されたが、二年後に帰京を許され、まもなく大内記・東宮学士・

民部少輔《みんぶのしょう》・式部少輔・右大弁などを歴任して、氏吉が病歿した翌々年には、参議にまで登っている。このように音人が累進《るい》しえたのは、家柄の高さもさることながら、文才に優《すぐ》れていたからであろう。これに対して氏吉は、家柄も文才も、音人の比ではなかった。しかも、この二つの要素は、清行の生涯にも、次第に複雑な作用を及ぼしてゆくことになる。

三　キヨユキ誕生

承和十四年に生まる

清行は、平安京内(右京)に住む氏吉の三男として生まれた。その年次は、諸書まちまちであるが、『善家秘記《ぜんけひき》』や『詰眼文《きつがんもん》』の記事から逆算すれば、承和十四年(八四七)誕生と断定してさしつかえない。承和十四年といえば、承和の変後五年目、父氏吉が配流先から帰京した翌々年である。しかも氏吉は、帰京後十数年間、正六位上にとどまり、適当な官職にも就けなかったようである。従って、清行誕生当時の三善家は、貴族（五位以上）の特典にあずかれず、生活も決して豊かではなかったと思われる。

ちなみに、清行より二年前に生まれた菅原道真の場合は、祖父の清公《きよきみ》が従三位文章博士を極位《ごくい》極官《ごくかん》として薨じたあと、父親の是善《これよし》が文章博士をうけつぎ、承和十四年当時は春宮学士を兼任して、是善の文名いよいよ盛んなるときであった。

紀長谷雄との対比

このような血筋と家柄のもとに生まれた道真と、前述のような三善家の氏吉の三男として生まれた清行とを、同等に論じえないことは明らかである。これに対して、道真と同年生まれの紀長谷雄《きのはせお》の場合は、父の貞範《さだのり》が正六位上弾正大忠《だんじょうのだいちゅう》（弾正台の判官）で歿している。この点より、血筋はともあれ、当時の家柄は、清行の場合と大差なかったといえよう。そこで私は、これらの条件をふまえて、道真と清行、長谷雄と清行との交わりを考えながら、論を進めたいと思う。

なお、清行の名前は、一般にキヨツラと訓《よ》まれているが、むしろキヨユキと訓

居逸はキヨユキのこと

む方がよい。何となれば、平安後期にできた『江談抄《ごうだんしょう》』や『本朝文粋《ほんちょうもんずい》』・『朝野群載《ちょうやぐんさい》』などに、清行は音通の唐名で「居逸《キヨイツ》」と書かれており、これはキヨイキ→キヨユキを漢音にあてたものと思われる。黒川道祐《どうゆう》（江戸初期の儒学者）は、これをキヨヤスとよませ（『遠碧軒記』）、また伴蒿蹊《こうけい》（江戸中期の国学者）も、この訓を採り「常に清行をきよつらとよむは非なり。」（『閑田耕筆』）と述べているが、その論拠は明らかでない。ついでにいえば、清行の幼名は「文雄」（太田博士所引系図）と称し、学生時代の字《あざな》は、「三曜」（『二中歴』）・「三耀」（『桂林遺芳抄』）ないし「三輝」（『公卿補任』）といったようである。また円珍和尚入寂《にゅうじゃく》の前後に「妙音」（『紀家集』所収「法華会記」）という法名をつけている。

第二　就学時代

一　青雲の志

前期摂関政治への胎動

清行の幼年・少年時代に関する史料は、何ひとつ残っていないが、その十数年間に時代は激しく移り変わっている。すなわち、まず清行の生まれた翌年（嘉《か》祥《しょう》元年、八四八）、藤原良房が右大臣となり、その翌々年には、仁明《にんみょう》天皇と檀林《だんりん》皇后（橘嘉智子）が相次いで崩御された。後に清行が「後房《こうぼう》内寝の餝《かざり》、飫宴《よえん》謌楽の儲《もうけ》、麗靡《れいび》煥爛《かんらん》なること、古今に冠絶《かんぜつ》す。」（『意見十二箇条』序論）と評した仁明天皇時代は、終りをつげたのである。代わって、承和の変後立坊した文徳《もんとく》天皇が即位され、まだ生後一年にみたない惟仁《これひと》親王が皇太子に定められた。その立役者を演じた良房は、天皇の外伯父にして皇太子の外祖父となったのである。かくて、文徳天皇朝の廟堂《びょうどう》構成（中央政界の人的構成）は、一段と権門化の傾向を深めてゆく。ことに良房は、天安元年（八五七）、右大臣から一挙に太政大臣《だいじょう》となり、さらに翌年、天皇が崩御されると、わずか九歳の清和天皇を即位せしめ、彼はその後見役《こうけん》となった。いわゆる前期摂関政治は、実質的にこのときから始まったといってよいであろう。

文人官吏の進出度

しかし、清和天皇朝に入り、太政大臣良房が廟堂の実権を握ってからも、有能な文人官吏には、ある程度出世の余地が残されていた。たとえば、貞観二年（八六〇）には、参議兼民部卿伴善男《とものよしお》が中納言に進むと、新たに春澄善縄が参議に入っている。周知のごとく善縄は、伊勢国員弁《いなべ》郡少領猪名部造《いなべのみやつこ》豊雄の長男で、天長年間に文章 生《もんじょうしょう》から文章得業 生《とくぎょうしょう》となり、承和年間には春宮学士のとき一たん周防に配流されたが、まもなく文章博士に返り咲き、参議昇進後も式部大輔を勤めた典型的な文人官吏である。また、伴善男が大納言に進んだ貞観六年（八六四）には、藤原基《もと》経《つね》（良房養子）らと共に南淵年名《みなみぶちのとしな》が参議に加えられた。この年名は、因幡《いなば》守永河の長男で、文章生から少内記となり、文徳天皇朝に蔵人頭《くろうどのとう》と春宮権亮《ごんのすけ》・式部大輔、勘解由《かげゆ》長官などを兼ね、貞観初年には右大弁から左大弁に進み、さらに参議から中納言をへて大納言にまで昇っている。全体の趨勢《すうせい》として、廟堂の権門化が急速に進行していたことは確かであるが、郡司や国司の子弟でも、有能な文人官吏であれば儒職から公卿に進出する可能性はあったのである。

貞観初頭の三善家

ところで、その当時の三善家は、一つの転期に立っていた。長らく官職に恵まれなかった氏吉が、かろうじて淡路守のポストを得て赴任したものの、まもなく病魔に襲われ、貞観四年（八六二）初春には、他界してしまったのである。折しも清行の実兄とおぼしき清江《きよえ》は、正六位上から外従五位下に進み、左大史から美濃介に任ぜられていた。しかし赴任直前「父憂《ふゆう》」（父親の死）にあって職を解かれ、丸一年間喪に服した後、あらためて詔を賜わり、同五年三月、美濃に下向している。その後の消息は、外従五位下から従五位下に遷り、丹波介に任ぜられたということが知られるにすぎない（『三代実録』）。

文人官吏を志す

当時、このような廟堂の動きや家族の姿をみて、清行はひそかに考えたであろう。――もし自分も、このまま父氏吉の蔭《おん》（五位以上の官人の子孫に賜わる位階）を頼りにして官途《かんと》についたなら、せいぜい兄清江と同じく一介《いっかい》の受領《ずりょう》（赴任国司）どまり。さりとて、血筋や家柄は今更どうしようもない。それならば、自分は大学に入って学問を修め、文人官吏として身を立てるのが最善の道ではないか――と。清行晩年の随筆『詰眼文《きつがんもん》』には、「吾、研精に志あり。また禄《ろく》を干《もと》めんことを思ひ、（中略）深く縑緗《けんしょう》（書籍）の幽を究め、終《つい》に青雲《せいうん》の上を期す。」（『本朝文粋』巻十二所収）と述懐している。

二　勉学二十年

大学に入学

清行が大学へはいった年次は、史料上明らかでない。『学令《がくりょう》』によれば、就学年齢は「十三以上十六以下」であったが、平安初頭の規定では、少し巾を広げて「十歳以上」（大同元年六月十日勅）「年廿以下」（天長元年八月二十日格）とされていた。従って清行の場合、父氏吉の卒後とみても差し支えなく、仮に服忌《ぶっき》（喪に服すること）あけの貞観五年（八六三）とすれば、十七歳で入学したことになる。そのころの大学頭《かみ》は潔世王、大学博士は大春日雄《おおかすがのお》継《つぐ》であった。待望の入学を許された清行は、大学別曹の文章院《もんじょういん》（文章道志望者を収容する施設）に寄宿して、日夜学問に励んだことであろう。

文章生に選ばれる

しかし、四〇〇名ちかい大学生の中から、二〇名しか定員のない文章生に選ばれるには、相当な学力と年数を要した。すなわち、文章道を志す学生は、入学後九年以内に本科の経《けい》学（論語・孝経などの儒書を主とした学）を修め、成績優秀ならば大学寮の試験（寮試《りょうし》）を受けて一たん擬《ぎ》文章生となり、その後更《あらた》めて式部省の試験（省試《しょうし》）を受け、丁第《ていだい》以上の成績で合格すると、ようやく文章生になることができたのである。『公卿《くぎょう》補任』によれば、清行が文章生に補せられたのは貞観十五年（八七三）春、二十七歳の

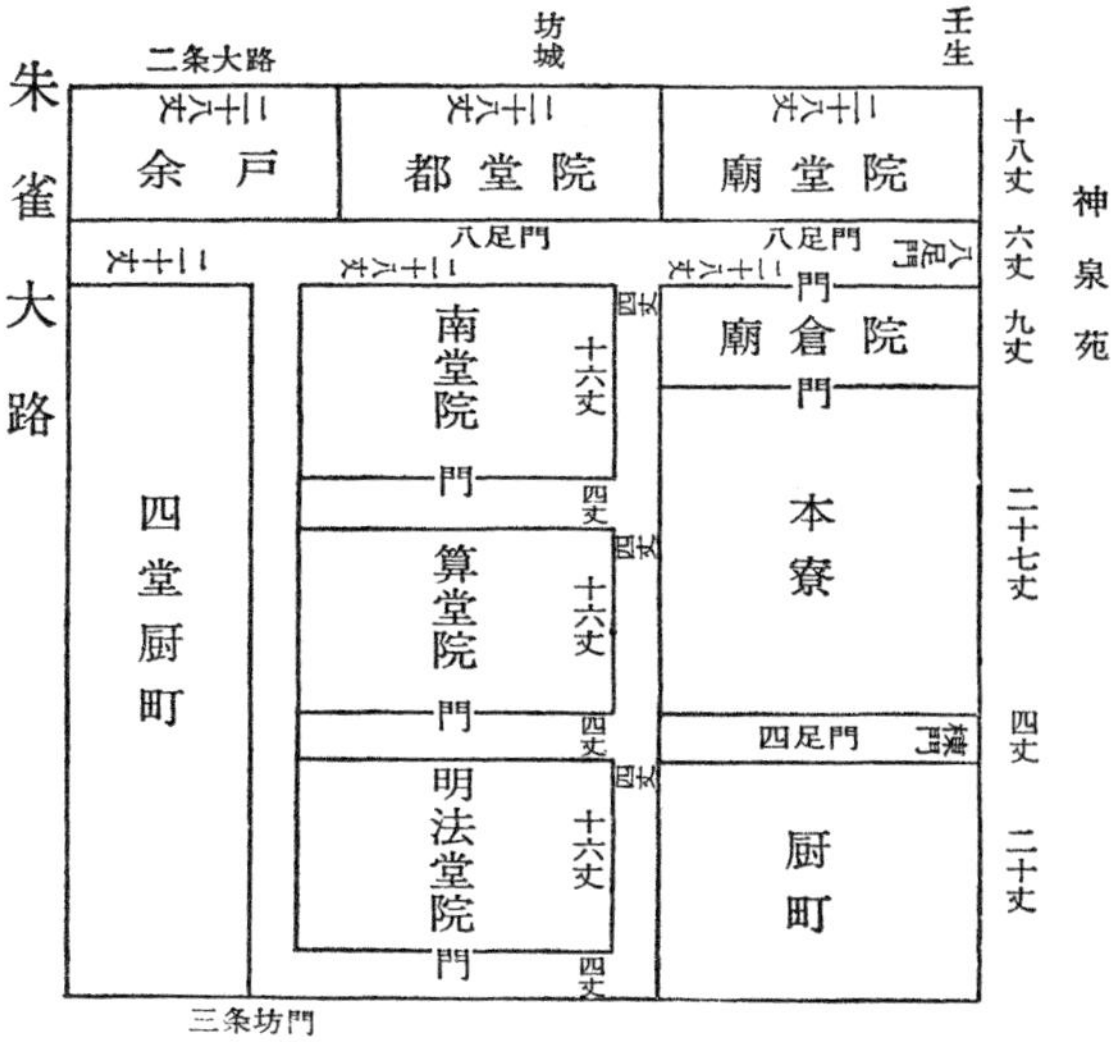

大学寮近辺の略図（新訂増補故実叢書附載の図より）

ときであった。これは決して早い方ではないが、特に遅い方でもない。ちなみに、この点を同時代の文人官吏についてみると、菅原道真は十八歳で最も早いが、大枝（江）音人《おとんど》は二十三歳、橘博覧《ひろみ》（広相）は二十四歳、南淵年名《みなみぶちのとしな》は二十六歳、都言道《みやこのことみち》（良香《よしか》）は二十七歳、春澄善縄《はるずみのよしただ》は二十八歳、藤原興《おき》範《のり》は二十九歳であって、いずれも清行と大差なかったといえよう。

紀長谷雄との比較

ところが、清行より数年前に入学した紀長谷雄は、学生時代に師事した「当時の秀才」(都良香)に疎《うと》んぜられて、なかなか「提奨《ていしょう》」にあずかれず、貞観十八年(八七六)春、ようやく三十二歳にして「進士《しんし》」(文章生)になることができたという(『本朝文粋』巻八「延喜以後詩序」)。このエピソードは、文章道に進む者にとって、受業師の推薦がいかに必要であったかを明示している。しかも、受業師の推挙を必要としたのは、文章生になるときだけではない。むしろ、それは文章生の中から成績抜群なる者が二名のみ文章得業生に選ばれるときであり、さらに言えば、得業生が最高の国家試験にあたる方略試《ほうりゃくし》を受けるときであった。

受業師は巨勢文雄

しからば、清行の受業師は誰であろうか。周知のごとく、文章院には東曹と西曹があり、師弟関係は同曹者の間で結ばれることになっていた。そこで、清行の寄宿した東曹出身の文人官吏を求めると、巨勢《こせ》文雄(貞観九年文章博士、同十五年兼大学頭)・都良香《みやこ》(貞観十七年文章博士)・大蔵善行《おおくら》(少外記)、高岳五常《たかおか》(左少史)などが目につく。しかし、最も関係が深いのは巨勢文雄であって、後述の『江談抄』も、清行を文雄の「弟子」としている。従って、文雄が文章博士と大学頭を兼任した貞観十五年(八七三)に、清行が文章生に補せられたのも、決して偶然ではないであろう。さらに清行は、文章生わずか一年で、文章得業生に選ばれたが、それも文雄の推挙に負うところ少なくなかったと思われる。

文章得業生の生活

しかし、文章得業生が方略試を受けるには、さらに数年の準備勉強を必要とした。その準備期間は、当時まだ一定していなかったが、清行は丁度七年目に受験している。ただし、得業生は一般の学生や文章生と違って朝廷から名目のみの遙《よう》授《じゅ》国司(掾《じょう》・目《さかん》)に任ぜられ、公廨稲《くがいとう》(国司の俸給にも充てられる官稲)配分を受けることができた。清行も、貞観十九年(八七七)に越前権少目《ごんのしょうさかん》、ついで元慶《がんぎょう》四年(八八〇)、播磨権少目に任ぜられている。すでに歳三十を越し、おそらく妻子もあったであろうが、一応の生活はできたはずである。

得業生時代の清行は、日夜ひたすら詩文の勉学に励んだことであろう。その勉強ぶりは、名門の道真ですら「秀才たりし時、光陰、常に足らず。朋交言笑《ほうこう》を絶ち、妻子親習《しんしゅう》を廃す。」（『菅家文章』）と述べているほどである。しかし、いつも机に向かってばかりいたわけでなく、時折文人の集まりに出て、詩文の才を競うのが常であった。たとえば、貞観十九年（元慶元年、八七七）二月、大学寮内で行なわれた釈奠《せきてん》（孔子を祭る儀式）には、『論語』の講筵《こうえん》に列して詩序を書き、「之を学ぶ者は智明らかにして、洞穴に暗《やみ》なきが如し。」（『本朝文集』巻三十一）と強調している。なお、この翌年二月には、内裏の一角（宜陽殿の東廂）において『日本紀』の講筵が始まった。講博士は大学助教善淵《よしぶち》愛成《のちかなり》が勤め、「文章・明経得業生および学生数人」も交替で「都講《とこう》」（講書の助手）を命ぜられ、また四年後の竟宴《きょうえん》（講書終了後に催す宴会）にはおのおの「倭歌《やまとうた》」を作り、博士および都講には物を賜わったという（『三代実録』）。おそらく文章得業生の清行も、都講に選ば

釈奠の詩序

講日本紀の都講か

れ、『日本紀』を精読したことであろうが、その竟宴和歌は現存しない。
ついで元慶三年（八七九）十月には、三年前に焼失した大極殿《だいごくでん》（朝堂院の正殿）の落成祝賀宴が、盛大に朝堂院《ちょうどういん》（内裏の西南にあり八省院ともいう）で催された。この宴には、工事関係者だけでなく、親王公卿・百寮群臣こもごも集まり、また「大学文章生等を喚《よ》びて詩を賦《ふ》せしめ」られたという（『三代実録』）。文章得業生の清行も当然招待され、再び詩序を書く栄誉に恵まれた（『本朝文粋』巻九）。

大極殿落慶宴の詩序

元慶《がんきょう》の初め、天子、右丞相（基経）に勅して大極前殿を修復せしめたまふ（中略）。丞相

平安京大極殿の俤（平安神宮外拝殿）

の峻《しゆん》宇望み高く、崇梁《すうりよう》の材大なり。即ち伊周の宏図《こうと》を運《めぐら》し、更に班爾《はんじ》の妙匠《みようしよう》に命ず。是に於て百工経を始め、庶民子のごとく来りぬ。堂室輪奐《りんかん》の美、観《かん》闕壮麗《けつそうれい》の奇、意亟《すみやか》にせざれども、日ならずして之を成せり。(下略)

基経の功績を賞讃するに熱心な詩序であるが、名文といえよう。基経は、当時まだ右大臣であったが、実質的には左大臣源融《とおる》を凌ぐ権勢を持っていたとみてよい。事実この翌年、清和上皇が崩ぜられると、即刻太政大臣に就任している。従って、まもなく文人官吏として出仕することを夢みていた清行には、その基経に必要以上の美辞を呈する下心もあったのであろうか。

八月十五夜の詩序

なお、『本朝文粋』(巻八)所収の「八月十五夜同じく賦す、池に映ずる秋月明かなりと。」の詩序も、「善相公《ぜんそうこう》」清行の作であるが、年次を明らかにしえない。ただ、『三代実録』仁和《にんな》元年(八八五)八月十五日条には、「神泉苑《しんせんえん》(平安京内の天皇遊覧所)に行幸したまひ(中略)、文人を喚びて詩を賦せしめたまふ。席に預る者三十三人。」とあり、一方この詩序にも「玉鏡、景《かげ》を沈め（中略）、金波、色を凝らす。」等と、池（神泉苑の池か）の形容が多い。これにより、一案として仁和元年の作と考えておこう。

三　対策改判の謎

方略試を受ける

さて、丸七年間の研鑽をつんだ清行は、元慶五年（八八一）四月、ようやく方略試を受けることになった。これは、清和上皇の崩後まもない諒闇《りょうあん》（天皇が喪に服する期間）の間のことであり、また前年八月に父是善を亡くした道真が、服喪《ふくも》中に問頭《もんどう》博士を勤めることになったのも、異例の措置とされている（『西宮記』巻十四）。その理由は明らかでないが、清行の成業を一日も早からしめようとした受業師巨勢文雄の配慮によることかもしれない。

この方略試受験に関して、大江匡房の『江談抄』（巻五）には、次のようなエピソードが記されている。

巨勢文雄の推薦

(イ)　善相公（清行）は巨勢文雄の弟子《でし》なり。文雄、清行を薦《すゝ》むる状にいはく、清行の才名、時輩《じはい》に超越《ちょうえつ》すと云々。

(ロ)　菅家（道真）此の事を嘲《あざわら》ひ、則ち超越を改めて愚魯《ぐろ》の字と為さしめらる（下略）。

この逸話は、事実そのままではないであろうが、案外、真実を伝えるものかもしれない。まず(イ)の推挙状は、得業生が受験資格を得るために不可欠のものであった。従って、清行を文章生に推し文章得業生に選んだであろう巨勢文雄としては、弟子の清行を最大級に褒め讃える推挙状を作って、問頭博士の心証を良くしようと努めたにちがいない。これに対して、菅原道真が、(ロ)のように露骨な反発を示したという点は、必ずしも信じ難いが、道真の清行に対する評価が厳しかったことは、確かである。

道真の策問

道真が清行に課した策問《さくもん》（設問）は、「音韻《おんいん》の清濁《せいだく》」と「方伎《ほうき》の長短」の二題。いずれも四六駢儷《べんれい》体の難解な美文であるが、要するに前者は、作文の格調を高めるに必要な詞句の音韻について論ぜよ、という言語学的な問題である。また後者は、未来を予知する天文・暦数などの方伎も、「民に施し政に用ゐるには、短長を寸心に差すことなく、物に被《かが》ふり身に関《かか》はるには、深浅を淵慮《えんりよ》に決すべし。」と思うがどうか、という政治哲学的な問題である。これに対して、清行が応答した対文は、残念ながら現存しない。しかし、清行にとっては、入学以来十数年間、文章得業生に選抜されてからでも七年間、ひたすら詩文の才を磨《みが》いてきたのであるから、「音韻の清濁」を論ぜよという第一問は、最も耳馴《な》れた問題であったろう。また後年、道真に奉った書の中で、清行は「昔、遊学の次《とき》、ひそかに術数《じゅつすう》を習へり。(中略)其の年紀を推すに、なほ掌《たなごころ》を指すが如し。」(『本朝文粋』巻七所収)と自負しているので、「方伎の長短」を論ぜよという第二問は、最も得意な問題であったのではないかと思われる。

道真の判定

しかるに、道真の下した判定は――「不第《ふだい》」であった。清行には取り組みやすいはずの問題であったにも拘わらず、その結果は一たん落第とされたのである。しかも、それから二年後の元慶七年（八八三）五月に到り、改判《かいはん》して「丁第《ていだい》」とされた（『公卿補任』）。合否スレスレの成績に判定し直して、ようやく及第とされたのである。

確かに、方略試の成績判定は、奈良時代からきわめて厳格であって、それがために特別の受験勉強をする文章得業生の制度も設けられたといってよい。現に従来もほとんどの例が丁第合格か改判及第であった。

改判及第の例

たとえば、都良香は、菅原道真に対してすら、答案にいろいろ難点のあることを指摘したうえで、「然れども詞章《ししょう》を識《し》る、その体《てい》観るべし。」との理由により中上（丁第）と判定した。また藤原佐世《すけよ》に対しては、一たん落第にしておいて、暫くしてから「佐世、才学やゝ長ず。まさに国用たるべし。何ぞ一日の失対を責めんや。」との理由により、中上に改判している（『都氏文集』巻五）。従って、道真が清行に下した判定も、特に厳しかった訳ではなく、また改判及第でも別に不面目な成績と考える必要はない。

とはいえ、長年勉学を積み、相当自信を持って受験した清行としては、この改判及第という評定を不服とし、問頭博士道真に少なからぬ不満を懐《いだ》いたのではなかろうか。ちなみに、道真は、清行を不第せしめた元慶五年（八八一）作の「博士難」と題する詩の中で、「今年、挙牒《きょちょう》を修せしとき、取捨甚だ分明なるに、才無くして先に捨てたる者、讒口《ざんこう》、虚名を訴ふ。教授、我れ失ふところ無く、選挙、我れ平なること有り。」（『菅家文草』巻二）と述べている。ここにいう「讒口」の主が清行であるか否かは明らかでないが、道真の下した不第の判定に、不服を訴える者がいたことは間違いない。

清行の不満

ついでにいえば、道真は、清行を改判及第せしめた元慶七年（八八三）、三十九歳で受験した紀長谷雄には「丁科《ていか》」合格の判定を下している。これは、長谷雄の実力による当然の結果であろうが、それと同時に、両者の関係が以前からきわめて親

紀長谷雄の場合

密であったことも無視しえない。というのは、彼は、貞観初年に師の都良香に疎《うと》んぜられ、二十年ちかく学生の地位に留まっていたが、道真が式部少輔兼文章博士となった元慶元年（八七七）、文章生に補せられ、同三年（八七九）十月の大極殿《だいごくでん》落成宴の席で、道真に詩文の才を認められた（「延喜以後詩序」）。しかも、その翌月、文章得業生に選ばれたのであるが、その恩恵に感じてか、同六年（八八二）春の『後《ご》漢書《かんじょ》』竟宴詩序では、道真を「菅師匠《かんししょう》」と呼んでいる（『本朝文粋』巻九）。これに対して道真も、「詩を吟《ぎん》ぜんことを勧《すゝ》め、紀の秀才に寄す。」などの詩を長谷雄に示し、心の中を打ちあけている。つまり方略試以前から、長谷雄は道真を尊敬し、道真も長谷雄を信頼していたといえよう。さりとて、道真が清行には特に辛くし、長谷雄には特に甘くしたとは速断できないが、そのような評定に傾きかねない心情を道真が持っていたことは疑いない。しかも、その結果は、この微妙な感情によって左右されたような明暗を生んだのである。

第三　初出仕のころ

一　大学少允

三十八歳で初出仕

文人官吏を目指して勉学すること約二十年、元慶七年（八八三）に改判して対策及第を認められたとき、清行はすでに三十七歳であった。しかし、その翌年正月、文人官吏の門出にふさわしく、大学少允《しょうじょう》（判官）として初出仕することになった。当時の大学頭は、まだ巨勢文雄であったから、清行が大学寮の職員に入りえたのは、受業師文雄の配慮に基づく人事かもしれない。

ところで、その前後の中央政界は、不穏な空気に包まれていた。この年の二月初頭、太政大臣基経の強制により、陽成天皇は退位を余儀なくされたのである。

光孝天皇擁立さる

かようなことは前後に例がなく、真相は必ずしも明らかでない。陽成天皇は不羈《ふき》奔放《ほんぽう》の剛毅《ごうき》な天子であったらしく、後見役の外伯父基経も、機嫌を損ねて自宅に引き籠る有様であった。従って、その対立が、ここに爆発したものとみてよいであろう。この陽成天皇の退位によって、新たに擁立されたのは、仁明天皇の皇子であり、基経の外従兄弟《いとこ》にあたる式部卿時康《ときやす》親王、つまり光孝天皇であった。またこれに伴って、式部省および大学寮の大巾な人事刷新が行なわれている。すなわち、時康親王に代わって式部卿に同母弟の本康《もとやす》親王が入ると、大学寮では、頭《かみ》の巨勢文雄が越前守に転出せしめられ、代わって右少弁の藤原佐世（式家）が頭に補せられた。文章博士は、数年前から道真一人であったが、ここで右大弁の橘広相《ひろみ》が加えられている。大学博士の善淵永貞や大学少允の三善清行、および式部大輔の藤原春景《はるかげ》（北家）と少輔の菅原道真は留任したが、大丞《だいじょう》には藤原興範《おきのり》（式家）が進み、少丞《しょうじょう》には藤原連永《つらなが》（北家）が補せられた。全体としては、藤原氏関係の文人官吏が、徐々に進出しつつあったといえよう。

仁和二年の人事異動

しかも、この傾向は、仁和《にんな》二年（八八六）正月の人事異動によって、一層顕著になる。すなわち、式部少輔兼文章博士の道真が讃岐《さぬき》守に転出せしめられた。これが、中央の文人社会における彼の影響力を、数年間にわたって抑止する結果を生んだことは確かである（弥永貞三氏「仁和二年の内宴」『日本古代史論集』下所収）。その道真に代わって式部少輔に任ぜられたのは、藤原佐世であり、佐世に代わって大学頭となったのは、藤原弘蔭《ひろかげ》（式家）である。そして清行も、このとき大学少允から少内記《しょうないき》に遷された。

二　内記・叙爵

官位相当の建て前からいえば、大学少允から少内記への遷任は、横すべりでしかない。しかし、文人官吏としては、内記の方が顕職であって、この仁和二年（八八六）正月の異動は、やはり栄転と考えてよいであろう。

問頭博士を勤め出題

藤原春海の答案

少内記清行の事績としては、仁和二年五月、文章得業生藤原春海《はるみ》（北家）の問頭《もんどう》博士を勤めたことが知られる。『本朝文粋《もんずい》』所収の策問（設問）および対案（答案）によれば、清行は「立二ツ神祠一ヲ」という題のもとに、天人相感《そうかん》（天意と人心が相互に感応しあうこと）の真実なることを前提にして、(イ)それにも拘わらず、人が供献に努めても、由緒なき数百の神、乱淫なる無数の祠が、紛然と災いを起こすのは何故か、(ロ)また中国古代の娥《が》皇女英《こうじょえい》（舜の賢妃）や伯夷叔斉《はくいしゅくせい》（周の廉士）も、死後に淫奔・貪婪《どんらん》な神となったのは何故か、などという点を問うている。これに対して春海は、同じく天人相感を確信する立場から、(イ)無智な民は迷信に惑わされやすいが、両極（陰陽）の性を明らかにし万物の心に通ずれば、邪神・淫祠も災いしないはずであり、(ロ)また人に祟《たた》りをなすのは、寃死《えんし》（無実の罪で死ぬこと）した者の変わりはてた魂魄《こんぱく》や、餓死した者に憑《つ》く狐狸《こり》の仕業に他ならない、と答えている。要するに、陰陽五行説（陰陽の二気と木火土金水の五行を組み合わせた宇宙観・人生観）に基づき、『史記』や『漢書』などにみえる邪神・淫祠を素材として、正しく神祠を立つべしと論じたもので、日本の神祇祭祀には全く言及していない。このような問題は、先に道真が清行に課した「方伎の長短」とも関連があるから、当時としては特異な出題ではないかもしれない。しかし、後述の言動を併せ考えれば、これも清行が、陰陽五行思想にきわめて深い関心を持っていたあらわれといえよう。

五位に叙され大内記に進む

ともあれ、四十歳（当時正六位上）にして少内記となった清行は、中務省に出仕して詔勅の起草や宮廷の記録などの実務に励むかたわら、右のような策問を出題したり、折々の詩宴に出席して、忙しくも張のある毎日を送っていたに違いない。その労は、早くも翌年正月、待望の叙爵（初めて従五位下に叙されること）を聴《ゆる》され、ついで翌月、大内記に進められることによって報いられた。周知のごとく、五位以上に昇った律令官人には、社会的にも経済的にも、貴族として特別の恩典が与えられることになっていた。清行も、やっと下級貴族の仲間入りができたのである。ちなみに、当時の

叙爵の年齢

文人官吏の叙爵年齢は、菅原道真や藤原佐世《すけよ》の三十歳、小野篁《たかむら》や橘広相《ひろみ》の三十

一歳という早い例もあるが、巨勢文雄や都良香は四十歳であり、藤原興範（仁和三年叙爵当時式部大丞）が四十三歳、紀長谷雄（仁和四年叙爵当時少外記）が四十四歳であった。従って、清行の四十一歳叙爵は、別に遅い方でもなく、むしろ(外)従五位下どまりであった氏吉の三男としては、好調な出身ぶりといってよいであろう。

三 〃阿衡〃の紛議

紛議の発端

しかし、貴族社会に仲間入りした清行は、意外な論争に関《かか》わりを持たねばならなくなった。いわゆる阿衡《あこう》の紛議である。ことの起こりは、清行が従五位下大内記になってから半年後の仁和三年（八八七）八月、宇多天皇が受禅《じゅぜん》（皇位を受け継ぐこと）されたことに始まる。周知のごとく、宇多天皇は、光孝天皇即位以前に、藤原氏と血縁関係のない嫡妃班子《ちゃくひはんし》女王《にょおう》（桓武天皇孫）の第三子として誕生され、そのうえ父帝の即位直後、基経を憚り源氏に降って居られた。それにも拘わらず、突如ここに皇位を継がれることになったのである。この一見意外な皇位継承を可能にしたのは、当時後宮《こうきゅう》を牛耳《ぎゅうじ》っていた尚侍《しょうじ》（内侍司の長官）の藤原淑子《しゅくし》であって、彼女は実兄基経を強引に説得したようである（角田文衛氏「尚侍藤原淑子」『紫式部とその時代』所収）。しかし、内心不満な基経は、八月の宇多天皇受禅直後から太政官に出仕せず、自宅で政務をとるようになった。

基経に万機関白の詔

　これに対して宇多天皇は、十一月の即位大礼直後に「摂政太政大臣（基経）万機に関《あずか》り白《もう》せ」との詔を下され、翌閏十一月、基経が当時の慣例に従って初度の辞表（少外記紀長谷雄作）を上《たてまつ》ったところ、早速あらためて鄭重な勅答（左大弁橘広相作）を下しておられる。この勅答は、基経に重ねて推戴の功を感謝され、変わることなき翼賛《よくさん》を懇願されたものである（『政事要略』巻二十五所収）。従って基経も、当初は別に疑問を持たなかったであろう。しかるに、宇多天皇は、翌仁和四年（八八八）に入ると、参議左大弁橘広相ほか数名の側近に意見封事《ふうじ》を上奏せしめられた（『日本紀略』）。親政への意欲を示されたのである。これをみて基経は、急に態度を硬化させた。しかも、家司《けいし》（摂関家の事務をつかさどる

基経、勅答を論難

職員）の式部少輔藤原佐世が、前年の勅答にみえる「宜しく阿衡の任を以って卿（基経）の任と為すべし。」という表現を問題にして、〝阿衡〟に職掌なし、と進言したために、基経は自宅でも一切政治をみなくなってしまった。これによって、政務の処理が完全にストップしたことはいうまでもない。

そこで、間に立った左大臣源融《とおる》が、やむなく有識者に見解を求めたところ、同年四月、明経《みょうぎょう》博士の善淵愛《ちか》成《なり》と大学助教の中原月雄は、中国の用例を勘案して、「阿衡」には「典職《てんしょく》なかるべし。」との結論を出した。しかも、その翌五月には、左少弁の藤原佐世、少外記の紀長谷雄と

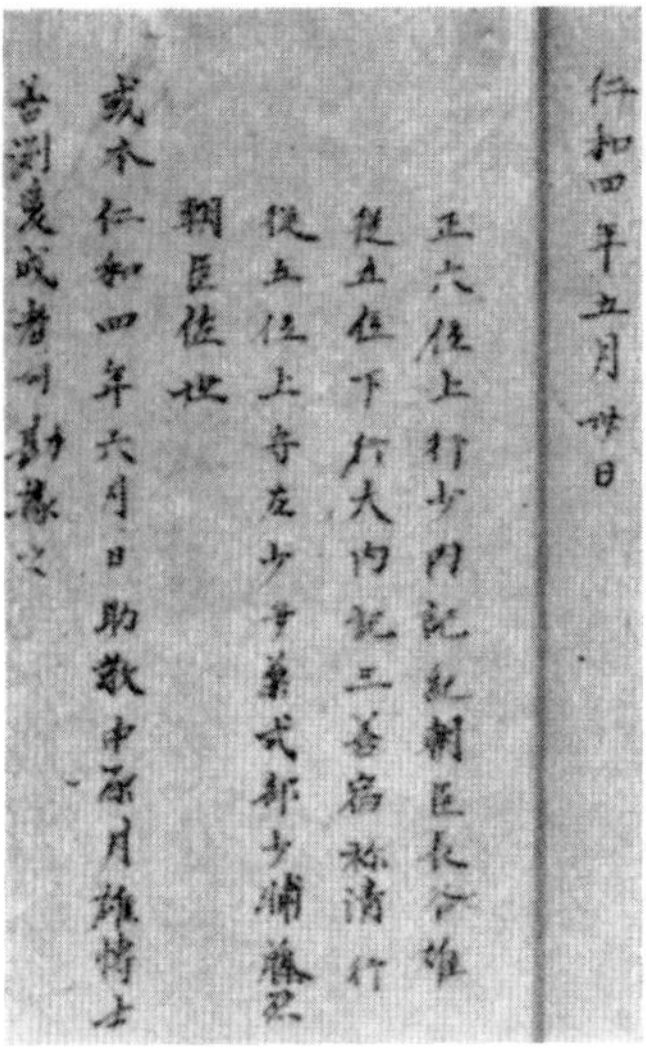
仁和四年五月廿日
正六位上行少内記紀朝臣長谷雄
従五位下行大内記三善宿祢清行
従五位上守左少弁兼式部少輔藤原
朝臣佐世
或本仁和四年六月日助教中原月雄博士
善渕愛成者所勘録之

「阿衡勘文」の連署
（神宮文庫蔵『政事要略』巻三十）

佐世・長谷雄・清行の阿衡勘文

共に、大内記の三善清行も加わり、三人連名で「阿衡勘文《かんもん》」を二度も上っている(二十三日と三十日)。かれらの勘文は、合わせて三条から成り、いかにも博引旁証《はくいんぼうしょう》の感を受ける。しかし、その主張は、要するに、(1)「阿衡は即ち三公の官名なり。」(2)「三公には典職なし。」(3)「いま阿衡と称するは即ち是れ三公、更に亦何ぞ典職あらん。」という三段論法で、基経に有利な証言をしたものにほかならない。一見明快な主張であるが、勅答の文面を率直に読むならば、このような見解は、殊さらに断章取義《だんしょうしゅぎ》(文章の一部を切り取り他に使うこと)の小過《しょうか》を責める頑《かたくな》な極論でしかないといえよう。

勘文提出の背景

しからば、このような勘文を、かれらは何故二度までも提出したのであろうか。これには、宇多天皇と藤原基経の対立もさることながら、勅答の起草者橘広相をめぐる学者間の反目が、複雑に絡《から》んでいたと思われる。広相(当時五十歳)は、菅原是善に師事して対策及第し、光孝天皇朝に文章博士から参議に昇った有能な文人官吏である。しかも彼は、宇多天皇の女御《にょうご》義子の実父であり、天皇に最も信頼されていた。一方、広相より十歳年下の藤原佐世は、数少ない藤原氏出身の文人官吏として基経に強い期待をかけられ、その家司となり、この紛議の火付役を買って出た人物である。佐世が広相に対抗意識をもっていたことは疑いない。また紀長谷雄は、数年前から詩友として道真に心を寄せていたようであるが、実は受業師都良香の歿後、摂関家の御用学者大蔵善行に師事しており、基経の関白を辞する表《ひょう》の起草者ですらある。だから、長谷雄が佐世と同じ見解をとっても、不思議ではない。

佐世と長谷雄と清行の関係

これに対して清行の場合は、摂関家と特別の結びつきがあったわけではない。しかし、佐世や長谷雄と同じ東曹出身者であり、互いに心を許しあう親友同志であった。ちなみに、佐世と清行は、基経と親交のあった円珍《えんちん》和尚に格別可愛がられたという(清行著『円珍和尚伝』跋文)から、二人の仲が良かったことは疑いない。また長谷雄と清行も、『江談抄《ごうだんしょう》』や『今昔《こんじゃく》物語』にみえるエピソードが示すように、遠慮なく意見を言いあえる仲であった。従って、清行が勘文に連署したのは、おそらく佐世と長谷雄の呼びかけに応じたものと思われる。しかも、これによって、清行の立場が公的に表示され、摂関家側への傾斜を深めることになったことは、確かであろう。

天皇、やむなく改詔

さて、この勘文の提出された直後、朝廷では、橘広相と藤原佐世を呼んで対論せしめたり、また公卿たちにも意見を求めようとしたが、却って対立を深めることになった。そこで、同年六月初頭、宇多天皇はやむなく「勅答を作るの人広相が阿衡を引くは、已《すで》に朕が本意に乖《そむ》きたるなり。太政大臣、自今以後、衆務を輔《たす》け行ひ、百官を統《す》べ賜へ。」との改詔を下された（『政事要略』巻二十五所引）。しかし、基経は、その後も一向に出仕しないため、天皇は何度も基経の邸に使を遣わし、十月には基経の女温子《おんし》を入内《じゆだい》（内裏に参入）させ、女御にしておられる。その結果、基経も態度

事件の結着

を改めて出仕するようになり、いわゆる阿衡事件は、数カ月ぶりに結着した。こ

れによって、親政を企図された宇多天皇の権威と、文人で外戚たる橘広相の権勢とは、脆《もろ》くも失墜せしめられたが、逆に関白基経の権力は、一層強固なものになったといえよう。

第四　備中転出

一　情勢の変化

基経薨去の影響

宇多天皇朝初期の政治情勢は、阿衡の紛議をへて関白基経の強力な主導権が確立したかにみえる。しかし、それも寛平《かんぴょう》三年（八九一）正月、基経の病死によって、表面的には崩れ去った。表面的にというのは、基経個人が廟堂《びょうどう》から姿を消しても、それまでに培《つちか》われた藤原氏（北家、とりわけ冬嗣流）の勢力は、廟堂内外に広く深く根を張っていたからである。とはいえ、この時点で良房・基経二代に亘った摂関政治が中断し、宇多天皇の親政が再開されたことは、政治史上の大きな変化といわなければならない。

人事の明暗

この情勢変化は、人事の面によくあらわれている。しかも、それは、阿衡の紛議に際して、天皇側の立場をとった者と基経側の立場をとった者とに、ハッキリと明暗を分かつものであった。たとえば、文章博士から讃岐守に転出せしめられた道真は、赴任先で阿衡の紛議を黙視するに忍びず、急遽上京《きゅうきょ》して基経に書を奉り、橘広相を堂々弁護している。これは、窮地に立っておられた宇多天皇をいたく感動せしめたらしく、基経の薨後、道真は最先に蔵人頭《くろうどのとう》として抜擢された。これに対して、紛議の火付役を演じた藤原佐世は、基経の薨じた直後、陸奥守に転出せしめられている。一種の左遷とみてよいであろう。また、この佐世に同調した清行も、大内記（正六位上相当）から肥後介（正六位下相当）に転任せしめられた。これは遙任《ようにん》（赴任せずに得分のみ受ける国司）であったらしく、結局清行は肥後へ下向していない。しかし、文人として存分に活躍できる内記職を追われたことは、一種の格下げといえよう。ところが、長谷雄は、少内記から文章博士のポストを得て、むしろ栄転し

遙任の肥後介に遷さる

ている。これは、ちょっと理解しがたいが、長谷雄は政争に深入りしない穏健な性格の持主であり、元慶《がんぎょう》以来、道真とも親交を保っていたことが、このさい有利に作用したのではなかろうか。ともあれ、佐世と清行と長谷雄は、基経の薨後、さまざまの運命を辿ることになったのである。

四十五歳で満顔白髪

なお、清行の八男浄蔵《じょうぞう》は、この寛平三年（八八七）に生まれている（『拾遺往生伝』中）。しかし『善家異記』（『政事要略』巻九十五所引）によれば、「時に余四十有五、白髪満顔」というほどふけていた。幸い、それをみて大変心配をした親友の雅楽助《うたのすけ》春海貞吉《はるみのさだよし》が老化を防ぐ妙薬とされていた枸杞《くこ》の服用を強く勧めてくれたので、清行は早速「乞ふ、略《ほぼ》その方（用法）を陳《の》べたまへ。」と、貞吉から枸杞の作り方や飲み方を詳しく聞き取っている。青春の大半を勉学に明け暮れ、やっと文人官吏として歩み出したのも束の間、基経の薨後、一介の遙任《ようにん》国司に遷された清行は、そろそろ老いをみせ始めていたのであろうか。

仏教に心を寄せる

しかも、この寛平三年十月には、かねて基経と親交があり、佐世と清行を格別可愛がってくれた円珍和尚が、七十八歳で入寂《にゅうじゃく》している。政治情勢の変化に加えて、心の師をも失った清行は、このころから仏教に対して深い思いを致すようになったようである。たとえば、伏見宮所蔵『紀家集』（紀長谷雄の詩文集）所載の「法華会《ほっけえ》記《き》」（『古簡集影』所収）によれば、清行は、この寛平三年に「藤右金吾相公」（時平）が最円《さいえん》和尚を招いて催した法華会に、紀長谷雄や紀有世と共に参列している。その月日は文字磨滅《まめつ》して判読できないが、あるいは基経と円珍を供養するために催されたものであろうか。

試経勅使となる

また清行は、翌寛平四年八月、大内裏《だいだいり》の正殿たる八省院（『日本紀略』には豊楽院とある）で行なわれた「試経《しぎょう》」の勅使を勤めている。『善家秘記』によれば、これは、諸種の経典に精通した者を試験して、及第すれば得度《とくど》（僧籍を得ること）せしめる制度であるが、当日は僧綱《そうごう》（全国の僧尼を統轄する僧官）および諸宗の智徳が五—六人、さまざまの質問を矢つぎばやに出

すので、ほとんど及第する者がなかったという。ところが、その試経を受けよう

弓削是雄の依頼

とする一人の沙弥《しゃみ》(修業中の小僧)が、陰陽頭弓削是雄《おんようのかみゆげのこれお》の手紙を持って、清行を訪ねてきた。「この沙弥は、昼夜念仏三昧《ざんまい》の真面目者だが、才学に乏しいため今年六十になっても未だ僧位が得られない。どうか勅使の恩情で及第させてやってほしい。」という身勝手な依頼状である。しかし清行も、是雄との交情を考えると無下《むげ》に断りがたく、私邸でその沙弥に法華経一巻を読ませてみた。ところが、意味は愚か経文の区切りすら判らぬ始末。そこで清行は、この程度では全然見込みのない旨を是雄あてに返報した。しかし、是雄からは再び「ともかく試験を受けさせて貰えればよい。」との手紙が届けられ、やむなくそれは一応許諾した。ところが、試経当日、その沙弥の番が近づいたころ、宇多天皇から諸宗の證師たちに突然お召

一人で試経

しがあり、かれらは試経を清行に一任して参内せざるをえなくなった。これには清行も驚いたが、この急変こそ、是雄の「占験神異《せんけんしんい》」によるものと考え、「枉《ま》げて

沙弥の及第を許し」たという（『政事要略』巻九十五所引『善家異記』）。まことに不可思議なエピソードであるが、陰陽道に造詣《ぞうけい》の深かった清行が、弓削是雄の徴験に強い関心を寄せていたことは疑いない。ともあれ、遙任国司時代も、公的行事に全く関与しなかったわけではないことが、これによって知られよう。

二 「官長」の苦労

備中介に任ぜらる

しかし、一たん大内記から遙任の肥後介に格下げされた清行は、二年後の寛平五年（八九三）正月、さらに備中介として任国へ転出せねばならなくなった。これに対して道真は、蔵人頭から参議に登り、左大弁・式部大輔も兼ねて、宇多天皇の信任をいよいよ厚くしている。また道真の詩友長谷雄は、文章博士兼式部少輔となり、藤原菅根《すがね》（南家）も、道真の推挙によって皇太子敦仁《あつひと》親王（醍醐天皇）の侍読《じどく》に取り立てられた。道真を中心とする文人全盛時代が徐々に現出されつつあったのである。

そのような都を去り、一介の受領《ずりょう》として、はるばる備中へ下向せねばならぬ文人清行の足どりは、どんなにか重かったことであろう。

備中の概況

さて、備中の国は、山陽道の中央部（現在の岡山県中部）にあり、『延喜式』（巻二十四）によれば、京都から陸路で五日から九日を要した。

当国は、都宇《つう》・窪屋《くぼや》・賀夜《かや》・下道《しもつみち》・浅口《あさくち》・小田《おだ》・後月《しつき》・哲多《てた》・英賀《あか》の九郡を管する上国《じょうこく》であり、人口八万数千人、田地一万町歩を有していたとみられる（沢田吾一氏著『奈良朝時代民政経済の数的研究』参照）。国衙《こくが》（国司の役所）は賀夜郡八部《やたべ》郷（現在の総社《そうじゃ》市金井戸《かないど》字「北国府《こう》」地区「御所《こしょ》」）に置かれていた（藤井駿氏「備中の国衙について」『国史論集』上巻所収）。

備中国衙近辺の略図（藤岡謙二郎著『国府』より）

備中国司の構成は、上国であるから、正官だけでも守《かみ》・介《すけ》・掾《じょう》・目《さかん》各一人および史生《ししょう》三人がいたはずであるが、それ以外に権官《ごんかん》もいた可能性が強い。しかし、当国の守は、平安時代に入ってから、近江・播磨・備前・讃岐などと並んで、京官兼任がすこぶる多い（拙稿「令制国司の補任表考証」修士論文「資料篇」参照）。このときも左近衛権中将より参議に昇った源湛《たたう》（左大臣源融の男）が備中守を兼任している。従って清行は、国衙に赴任すれば「官長《かんちょう》」（赴任先での最高責任者）として、国務の受領ほか一切のことを、自ら処理せねばならなかったであろう。

着任早々に疫病流行

その備中では、清行の着任早々、面倒なことが起こった。『善家秘記』によれば、赴任して数十日目に、国中で疫病が大発生したのである。管内の人民、死歿する者多く道路に満ち溢れ、国衙にいた人々にも感染し、清行の舎弟清風《きよかぜ》の男児や、清行の門人源敦《あつし》（源光の孫の敦とは別人）などが、数日のうちに相次いで殞歿《いんぼつ》したという。折しも、管内の小田郡より病鬼をよく見きわめる優婆塞《うばそく》（在家のまま仏門に入り戒を受けた男）がやってきて、「鬼が椎《つち》を持って、府君（清行）の侍児の首を打っている。」と教えてくれた。すると、まもなく、当時まだ小児で清行に近侍していた帯刀《たてわき》源教《おしう》（嵯峨源氏常の孫か）が発熱し、非常な頭痛を訴え始めた。そこで、ねんごろに祈禱をすると、鬼は館中から離れ去り、源教は即日平癒した。しかし、その鬼は国衙に近い賀夜《かやの》郡司賀陽豊仲《とよなか》の家に逃げ込み、その一家を疫癘《えきれい》に陥れたという（『政事要略』巻七十所引『善家異記』）。ちなみに、この閏五月、中央でも「疫癘を消さん」として臨時仁王会が催されているので、右の逸話は、清行が疫癘対策に苦労したときの実録と考えてよい。

賀陽一族の権勢

しかも、備中には、疫癘以上に清行を悩ませるものが待っていた。在地の富豪賀陽一族である。『善家秘記』（『扶桑略記』所引）のなかに、

> 余、寛平五年、出でて備中介と為《な》る。時に賀夜郡人賀陽良藤《よしふじ》なる者あり。頗《すこぶ》る貨《か》殖《しょく》を有し、銭を以って備前少目《しょうさかん》と為る。（中略）良藤の兄たる大領《たいりょう》豊仲、弟たる統領豊蔭、吉備津彦神宮の禰宜《ねぎ》豊恒、及び良藤の男たる左兵衛志《さかん》忠貞

ら、みな豪富の人なり。（下略）

と記されているごとく、彼等は、単に賀夜郡司を世襲するのみならず、備中一宮《いちのみや》吉備津彦神宮（現在の吉備津神社、延喜式の名神大社）の禰宜（神主の下の神職）となったり、政治力・経済力を使って、近隣の下級国司や中央の下級武官に任ぜられ、権勢をほしいままにしていたようである。いうまでもなく、賀陽氏は「加夜国造《かやのくにのみやつこ》」（『先代旧事本紀』）の後裔であり、天平十一年（七三九）の「備中国大税負死亡人帳」（『大日本古文書』二『寧楽遺文』上巻）などにも、この一族の名がみえる。現在、備中国衙址の東隣に賀陽山門満寺と称する寺院が残っているが、『備中誌』によれば、これは賀陽一族が建立した賀陽寺の址であり（栄西禅師は、この氏人であるという）、賀夜郡衙《ぐんが》（郡司の役所）もこの近辺にあったものと推定されている（『吉備郡史』上巻）。もちろん、一族のなかには、賀夜豊年《とよなか》（延暦年中に東宮学士・式部大輔となり、弘仁六年歿。）のごとく、京都に出て名を成した文人官吏も数名あった。しかし、在地の富豪たちは、おそらく清行の文雅の友とはなりえず、むしろ新参の清行を陰に陽に悩ませたことであろう。残念ながら、これらの在地勢力に対して、清行がどのような対応を示したか、何一つ知りえないが、文人清行にとっては、苦労の多い毎日であったと思われる。

備中赴任の意義

とはいえ、この備中赴任は、それまで貴族・文人の社会にのみ限られていた清行の視野を、新たに地方の豪族・農民の社会にまで拡げる絶好の機会となったに違いない。しかも、その官長時代の苦《にが》い体験は、約二十年後に上奏される『意見十二箇条』の随所に投影している。以下、この点を明らかにしておこう。

三　意見封事への投影

下道郡邇磨郷の衰退ぶり

清行の『意見十二箇条』は、後述のごとく、序論と十二項目の建策とから成っている。このうち、まず序論の後半において、備中国下道《しもつみち》郡邇磨《にま》郷をとりあげ、その衰退ぶりを次のごとく指摘している。

(イ)　臣、去《さん》ぬる寛平五年、備中介に任ぜらる。彼の国の下道郡に邇磨郷あり。

爰《ここ》に彼の国の風土記を見るに、皇極《（斉明）》天皇六年（中略）、時に天智天皇、皇太子として政を摂《と》りたまひ、行路につきて下道郡に宿り、一郷の戸邑《こゆう》甚だ盛んなるを見たまふ。天皇、詔を下して試みに此の郷の軍士を徴《め》したまひしに、即ち勝兵二万人を得たり。天皇大いに悦び、此の村を名づけて二万《にま》郷といひたまふ。後改めて邇磨《にま》郷といふ。（中略）

(ロ) 而るに天平神護年中、右大臣吉備朝臣、大臣となり、以て本郡の大領を兼ぬ。試みに此の郷の戸口を計るに、纔《わずか》に課丁《かちょう》千九百余人有り。

(ハ) 貞観《じょうがん》の初め、故民部卿藤原保則《やすのり》朝臣、彼の国の介たりし時、旧記を見るに、此の郷に二万兵士の文有り。大帳を計るの次《ついで》、其の課丁を閲するに、七十余人有り。

寛平当時の戸口

(ニ) 某《それがし》（清行）任に到り、又此の郷の戸口を閲するに、老丁《ろうてい》二人・正丁《せいてい》四人・中《ちゅう》男《なん》三人有り。

延喜初年に皆無となる

(ホ) 去ぬる延喜十一年、彼の国の介藤原公利《きみとし》、任満ちて都に帰る。清行、邇磨郷の戸口当今いくばくぞと問ひしに、公利答へていはく、一人も有る無しと。

(ヘ) 謹んで年記を計るに、皇極《(斉明)》天皇六年庚申より、延喜十一年辛未に至るまで、纔かに二百五十「二」年、衰弊《すいへい》の速かなること、亦既に此の如し。一郷を以て之を推すに、天下の虚耗《きょもう》、掌《たなごころ》を指して知るべし。

この邇磨の地名は、藤原宮址より最近出土した荷札にも「吉備中国下道評《ひょう》邇磨里」とみえ、古くから開けたところであったことが知られる。従って、当地のことが、(イ)の「(備中国)風土記」とか、(ハ)の藤原保則も見たという「旧記」に特筆されていても、不思議ではない。しかしながら、一郷(平均五十戸)から二万人もの兵士(成年男子)が得られる訳がなく、記事内容は単なる地名伝説にすぎない。また(ロ)の吉備(下道《しもつみち》)真備《まきび》は、確かに当国の出身である。しかし、右大臣になってから下道郡の大領を兼ねたという記録は他になく、天平神護年中に邇磨郷の課丁が千九百余人いたという数字も認めがたい。けれども、貞観初年に藤原保則が赴任して調べたときには、課丁七十余人であった(ハ)とか、さらに寛平年間に清行自身が赴任して調べた結果、十人以下に減少していた(ニ)という記事は、一応信用してよいであろう。とすれば清行は、邇磨郷の課丁が(ハ)から(ニ)に至るわずか三十年間で数分の一に激減している事実を知って、在任中も帰京後も、その衰勢を憂慮していたにちがいない。はたせるかな、以後二十年たらずの間に、邇磨郡の課丁は皆無になったことを、(ホ)の藤原公利から聞き、清行は、これこそ班田農民の衰退ぶりを象徴する適例と考えたのであろう。そこで、これを強く印象づけるために、(イ)や(ロ)の伝説をも取り入れて(ハ)(ニ)(ホ)と関連づけ、(ヘ)の「衰弊の速かなること、亦既に此の如し。」という結論を導き出そうとしたものと思われる。かような筆法は、序論の前半にもみられるが、それは後ほど触れることにしたい(第七の二参照)。

さて、十二項目に亘る建策のうち、地方政治に関係が深いのは、第一・第三・

第八・第九・第十・第十一・第十二の、以上七箇条である（各条の事書は、一五九〜一六〇頁に列挙した）。

このうち、まず第一条では、五穀豊穣《ほうじょう》を祈願するため、神祇官で毎年斎行される祈年祭《としごいのまつり》（毎年二月四日）と月次祭《つきなみのまつり》（毎年六月十一日と十二月十一日）のさい神前に供えられた幣物《へいもつ》は、本来、諸国の祝部《はふりべ》（禰宜の下の神職）に頒《わ》かたれ、各々の本社に奉らしめることになっていたが、現実には、祝部が幣絹《へいけん》を着服し、神酒も飲んでしまう有様である。そこで今後は、「諸国に勅して史《し》生《しょう》以上一人を差《つか》はさしめ、祝部を率ゐて此の祭物を受け取らしむ」べしと提言している。また同じく豊穣祈禱のため毎年修行される吉祥悔過《きっしょうけか》（毎年正月、最勝王経を講説する）や仁王会《にんのうえ》（毎年三月と七月、仁王護国般若経を講説する）には、本来、持戒守律の僧があたることになっていたが、現実には、破戒違律の者が余りにも多い。諸国の法務にあずかる講読師の中には、贖労料《しょくろうりょう》を出して任ぜられた者がおり、国分寺僧のごときは、妻子を養い、魚肉を絶やさず、耕田に努め、商売を行なう者すらある。そこで今後は、精進練行《れんぎょう》の者でなければ、決して用いるべきでないと主張している。

神主・僧侶の弊風

吉備津神社本殿（岡山市吉備津）

このような諸国の神主や僧侶の弊風は、すでに奈良時代から再三問題にされてきたことであった（たとえば『続日本紀』天平宝字三年六月丙辰条にみえる参議文室智努および少僧都慈訓の「封事」など）。けれども、とりわけ祝部らの不敬背徳については、清行が備中に赴任した寛平五年（八九三）の三月、「畿内外国の当国官長に対して、「殊に撿察を加へ、四箇祭を敬祀すべき事」という太政官符が下されており、また翌六年の十一月にも、「国司一人、禰宜祝部等を率ゐて神祇官に向かひ、幣帛の物を受け取るべき事」が指示されている（『類聚三代格』巻一）。清行は、これらの官符を国衙で受け取り、その実行に努めたことであろう。ただし、前述の「吉備津彦神宮の禰宜（賀陽）豊恒」らが、清行の命令に従ったか否かは、甚だ疑問である。ともあれ清行は、自然に左右されやすい農耕生活に触れることにより、「水旱を消し豊穰を求むべきこと」こそ、地方政治の最大関心事に他ならない、という認識を持つことができたのであろう。

第三条

つぎに第三条では、諸国の大帳（太政官に申送された計帳の総目）をみると、百姓は大半無身（不在）となっているが、それにも拘わらず国司は無身が多く記載されている（毎年諸国で作る戸口帳）計帳によって口分田を班給している。それがために、一部の有力農民は、その無主田を勝手に売り飛ばし、一向に租税を納めようとしない。そこで今後は、実際の戸口数を厳格に調査し、それを基にして口分田を授け、それ以外の遺田は国司の責任で没収して公田とし、それを希望者に賃貸してはどうか、と提案している。

ここで問題にされた班田収授の制は、すでに平安初頭より実施困難となってい

班田収授制の実状

た。貞観十七年の官符によれば、畿内（山城・大和・河内・和泉・摂津の五国）ですら五十年ちかく班給されず、その間に戸口が死欠しても「奸濫《かんらん》の輩、籍帳を除かず、偽って計帳を進め、戸田（戸口の口分田）を貪《むさぼ》り隠す」ために、「無実の戸、空しく公帳（計帳のことか）に附し、口分の田、徒《いたず》らに奸人に入る。」とあり、一人で五—六百戸の口分田を横領した豪農も少なくない、と指摘している（『類聚三代格』巻十七）。従って、清行の問題提起は、必ずしも目新しいことではなく、むしろ、「公家《こうけ》（朝廷）口分田を班《わか》つ所以《ゆえん》は、調庸を収め、正税《しょうぜい》を（出《すい》）挙《こ》せんがためなり。」という現実的な認識は、当時の律令官人に共通した考え方であったといえよう。しかし、注目すべきは、清行の主張が、あくまで国司を弁護する立場からなされていることである。すなわち、口分田班給の基になる戸籍や計帳の偽載に関して、貞観六年（八六四）の太政官処分などには「国司ら偏へに戸口の増益に執し、不課の男女を以って簿帳に編附す。或国一万余人、或国五

清行の国司弁護論

六千人。」（『三代実録』）と、その不正を国司の責任に帰しているが、清行の場合は、政府

が富豪に対して蠲符《けんぷ》（課役免除の証明書）を濫発するために、国司はやむなく「富豪見丁《げんてい》の課役を除き、更に無実の課丁を以て計帳に括出《かつしゅつ》せ」ざるをえないのだと説明している。しかも、その課役を免除された富豪は、無実の課丁に班給された口分田を悪用してやまないために、「牧宰《ぼくさい》（国司）空しく無用の田籍を懐《いだ》き、豪富いよいよ幷兼《へいけん》の地利を収む。唯に公損の深きに非ず、また吏治《りぢ》の妨を為す。」と訴えている。これは、国司の責任を棚上げした全くの国司弁護論といえよう。ちなみに、寛平六年（八九四）に下された太政官符所引の紀伊国の解《げ》（上申文書）も、「方今良田、多く富豪の門に帰し、出挙《すいこ》、徒らに貪弊《どんぺい》の民に給す。収納済し難く、官物自《おのずか》ら失ふ。」と述べている（『類聚三代格』巻十四）。おそらく清行も、かような在地富豪には、再三「吏治の妨」を受けたであろう。

この点は、第八・第九・第十条および第十一条からも看取することができる。まず第八条では、冒頭に「比年《としごろ》任用の吏、或ひは私怨《しえん》を結び、以って官長を誣告《ぶこく》

「官長」は赴任官の長

し、所部の民、或ひは公事《くじ》を矯《た》め、以って国宰《こくさい》を愁訴す。或ひは官物を犯用するの状を陳じ、或ひは政理違法の由を訴ふ。此等の条類、千緒万端《せんちょばんたん》なり。」と指摘している。ちなみに「官長」とは、時代により語義の変化がみられるが、ここでは赴任国司の最高責任者（守ないしは介）と解してよく、任用の吏とは、官長の下僚（掾・目ないし史生・書生など）であり、所部の民とは、任国の農民のことである（拙稿「〃官長〃の概念と実態」『日本歴史』第二六四号参照）。

ところで清行によれば、問題は、多くの場合、私怨を晴らそうとして「官長」を誣告し愁訴する任用国司や郡司・農民などの申し立てを、朝廷が一々とりあげ、その国に朝使《ちょうし》を派遣して取り調べをする点にあるという。何となれば、一たん嫌疑をかけられ、取り調べを受けた「官長」は、それだけで権威を失墜し、国務が停滞してしまうので、結局多く公損を致し、徒らに良吏を滅することになる。そこで今後は、余程の大罪とおぼしき告言訴訟でないかぎり、一切朝使を停止し、

「官長」の自負と苦心

万一犯過あれば、任終時の不与解由状《ふよげゆじょう》に記載して言上せしめるがよい、と提案している。つまり、この第八条も、明確な「官長」（良吏）擁護論なのである。とくに冒頭の「牧宰《ぼくさい》は万乗の憂を分かち一方の寄《よせ》を受け、六条の紀綱を守り兆民の領袖たり。」という自負や、中程の「方今、時代澆季《ぎょうき》にして公事《くじ》済し難し。故に国宰の治も事々正法に拘牽《こうけん》すること能はず。」とか、末尾の「牧宰ら、身は帝簡《ていかん》に出で、志は朝恩に報ぜんとす。(中略)故に比年《としごろ》この罪に陥る者は、みな公《おおやけ》の為に功を謀り、未だ成らざるの間、俄《にわ》かに告言せらるゝのみ。」という弁明は、みずから「官長」（牧宰）として苦労した体験より生まれた言葉といえよう。

第九条

ついで第九条には、鐶符《けんぷ》の濫用によって、課役を免除される諸国の勘籍人《かんせきにん》が、当時毎年三千人にのぼり、しかも偽って勘籍人と称する者が、年々増大している。そこで今後は、国の大小によって定数を決め（大国十人、上国七人、中国五人、小国二人）、とくに勘籍人の多い近江と丹波も、このさい大幅に削減して、勘籍の手続きも厳重にすべきだ、と主張している。

激増する不課口の削減

この中で、今後四十年もすれば「天下の人、皆不課の民と為るべし。」というのは、強弁にすぎるが、近江・丹波両国の蠲免《けんめん》者数については、すでに貞観九年(八六七)の格《きゃく》に「蠲符によりて不課の雑色に入るもの、近江国或年三百卅七、丹波国或年一百卅六。貞観元年より今年(九年)までに損ずる所の調庸丁《てい》三千百六十四。(下略)」とあり、これを毎年、約三分の一(近江国一百人丹波国五十人)に抑えようとしている(『類聚三代格』巻十七)。清行は、これをさらに十分の一程度(近江国十人丹波国七人)に削減せよ、と主張したのである。その当否は別にしても、不課口の激増が、当時の深刻な政治問題であったことは、充分にうかがいうる。従って、序論にみえる備中国邇磨郷の場合、貞観初年より寛平年間までのわずか三十年間に課丁数が七十余人より九名に激減し、やがて延喜十年ころ皆無になったという記載も、おそらく事実とみてよいであろう。しかも、この条では、「調庸の備へ難きは、嘗《すなわ》ち国宰の怠りに非ざるなり。都《すべ》て是れ罰符猥濫《わいらん》の致す所なり。」と、前条よりも一層明確に国司の立場を弁護し、さらに政府の無定見を批判している点が注目されよう。

第十条

諸国の検非違使を弩師

次の第十条では、まず諸国の検非違使は、本来、国司を助けて境内民間の治安を守る要務を帯びているにも拘わらず、現実には、その国の無能な百姓が贖労料《しょくろう》(官職を買うための金品)を納れて任ぜられており、実際の役に立たない。よって今後は、明法道《みょうぼうどう》出身の学生《がくしょう》を監試《かんし》し、その中から充て任ずるよう主張している。また海辺諸国の弩師《どし》も、本来は、外寇防禦のために置かれているのであるが、現実には、当職が年給(売官の一種)に充てられ、弩(弓石)の使用法は愚か、その存在すら知らぬ者が任ぜられている。そこで今後は、六衛府の宿衛舎人《しゅくえとねり》等に弩射を練習せしめて才伎《さいぎ》を監試し、その中から充て任ずるよう提案している。つまり、国内治安と外敵防備に従事する人材を問題にした意見である。ところが、この点に関しても、清行が備中に赴任した翌年(八九四)、諸国の検非違使に対して「年来任ずる所、必ずしも其の人ならず。(中略)自今以後、無位の人を補することを停め、并びに六年を以つて一秩《ちつ》とせよ。」との太政官符が下されている(『類聚三代格』巻五)。そのころ再び頻繁となった新羅海賊の辺島侵犯に対処すべく、「北陸・山陰・山陽諸道の国に下知して、武具を備へ、精兵を選び、警固に勤めしめよ。」という勅符が発せられたのも、同じ寛平六年である(『日本紀略』)。従って、この条も、備中在任時代に、国内の検非違使や弩師の実態に接し、部内の治安・防衛体制の不備を痛感した清行の、具体的な体験に基づく建策と考えて大過ないであろう。

第十一条

私度の悪僧

さらに第十一条では、吏治を妨げる凶暴邪悪なる者として、諸国の悪僧と宿衛の舎人を糺弾《きゅうだん》している。すなわち、まず僧侶については、「諸寺の年分《ねんぶん》および臨時の度者《どしゃ》は、一年の内、或ひは二―三百人に及ぶ也。就中半分以上は皆是れ邪濫《じゃらん》の輩也。」といい、また諸国の百姓で課役のがれのために自ら落髪し猥《みだ》りに法衣を着る者は、年々激増し、かくて「天下の人民、三分の二は、皆是れ禿首《とくしゅ》(丸坊主)の

宿衛舎人は部内の強豪

者」だという。その甚だしき者は、群盗となり、ひそかに貨幣を偽造する者すらあった。そこで、国司が勘糺《かんきゅう》しようとすれば、彼等は却って暴逆を働き、「濫悪の僧」が先頭に立って国衙を襲撃した実例もあったとしている。一方、六衛府（左右の近衛府・兵衛府・衛門府のこと）の舎人《とねり》（下級の護衛官）については、非番のときでも京中（東西の帯刀町）に留まり危急に備えねばならないのに、実際はほとんど郷国に帰り住んでいる。そこで、国司が勘糺しようとすると、かれらは京中へ逃げ戻るか、もしくは悪僧と同じく国衙を取り囲んで「官長」を凌辱《りょうじょく》したという。しかも清行は、「此れ皆、部内の強

拘引される宿衛舎人
（出光美術館所蔵『伴大納言絵詞』下巻より）

豪、民間の凶暴なる者」であって、「徒らに諸国の豺狼《さいろう》となる」ばかりだと指摘している。この点は、すでに寛平六年（八九四）の太政官符にも「郡司偏へに宿衛と称し、公事に妨有り。」と記されており、また、昌泰四年（九〇一）に下された太政官符所引の播磨国解には、「此の国の百姓、過半は是れ六衛府の舎人、偏《ひと》へに宿衛として課役を備へず、田疇《ぜんちゅう》を領作するも正税を受けず、無道を宗《むね》として国郡（国司郡司）に対捍《たいかん》す。」と訴えている（『類聚三代格』巻七・巻二十）。従って、清行の場合、まさか国衙を襲撃されるような不祥事はなかったにしても、『善家秘記』にみえる左兵衛志賀陽忠貞のような部内の強豪を抑えるために、いろいろ苦慮したであろうことは、想像に難くない。

第十二条
魚住の泊の修理

最後の第十二条は、山陽道沿いの五泊のうち、政府が大輪田《おおわだ》泊《のとまり》（現在の神戸港）にのみ力を入れて魚住泊（現在の兵庫県明石市魚住港）を長らく放っておいたために、毎年漂没事故が起こり、官物の損失も巨万にのぼっている。よって、直ちに播磨・備前両国の正税《しょうぜい》（国庫に貯蔵された田租）を充て、速かに修復すべきことを要求したものである。しかも清行は、すでに「延喜元年に献ぜし所の意見」のなかで、これと同じ趣旨を詳しく提案したことがあるという。他の箇条に較べて問題が地域的すぎるにも拘わらず、これを二度までも採り上げているのは、一見不均衡である。しかし、おそらく備中への往還にこの魚住泊を通過して、自ら身に危険を感じたであろう清行にとっては、その修復問題も看過しえない関心事だったのであろう。

延喜元年にも意見上奏

以上が『意見十二箇条』の過半を占める地方政治関係の建策である。いずれも、指摘は鋭く、主張は具体性に富んでいるといえよう。それは、清行の該博な知識と俊敏な見識の然らしめるところであるが、より直接的には、備中赴任時代の体験が多かれ少なかれ投影しており、どの箇条にも「官長」側の立場が貫かれている。その意味で、清行には備中転出の機会があったからこそ、上述のような意見封事を書きえたのだ、といっても過言ではないであろう。ちなみに、寛平十年

一貫した官長擁護論

（昌泰元年）二月に下された太政官符所引の「備中国の解《げ》」には、「前司任終の年の雑米雑穀は、前司数に依りて進納し、後任の人をして返抄《へんしよう》（物貨・金銭の領収文書）を弁請せしめよ。」とある（『類聚三代格』巻十四）。これも、おそらく前備中介清行の建策に基づくものと考えてよいのではなかろうか。

寛平九年秋帰途につく

なお、『円珍和尚伝』には「清行、其年（寛平九年）秩解けて京に入る。」と記されているので、大過なく四年の任期を終え、後司との交代手続も無事に済ませて、帰途についたものと思われる。『扶桑集』（巻七）には、その帰途、備中を舟出するさいに、即席で詠んだ詩が収められている。

児を哭す

馬鬣《ばりよう》の孤墳《こふん》、古き原に在り、
村の翁《おきな》伝へ道《い》ふ、昔尊《みこと》を埋めしところと。
霜を経て荒れし径《こみち》に飛蓬《ひほう》は転《まろ》がり、

暮れんとして悲しき風に落葉翻《ひるが》へる。（以下二聯省略）
今朝寂莫として空しく帰り去らんとす、
更《あらた》めて哭《こく》す、庭に趨《はし》りて誨《おし》へるもの丶存せざることを。

この詩にいう「馬鬣《ばりょう》の孤墳《こふん》」（馬の鬣（たてがみ）の形をした孤立せる古墳）とは、おそらく吉備の原に君臨する造山古墳か作山古墳のことであろう（国衙から遙かに見えるのは作山）。その巨大な前方後円墳《ぜんぽうこうえんふん》は、造山が全長三五〇メートル、作山も二七〇メートルあり、「両巨墳は五世紀中葉の頃に相前後して築かれた（西川宏氏「吉備政権の性格」『日本考古学の諸問題』所収）といわれているが、誰の墳墓であるかは明らかでない。しかし、当時「村の翁」たちは、「尊《みこと》」（吉備津彦の命《みこと》）を埋葬したところだと語り伝えていたようである（ただし、現在は吉備津神社の鎮座する鯉山の頂上にある全長一五〇メートル程の前方後円墳が、命の御陵とされている）。

朝な夕な、民政に励んだ任地を離れるにあたり、晩秋の吉備路を振り返れば、風に舞う落葉さえも、清行との別れを惜しむかにみえたことであろう。そのうえ、四年前に連れてきた愛児は（舎弟清風の男《むすこ》や門人源敦《あつし》と共に、おそらく着任早々疫死して）、今ここに居らず、あの庭を駈け廻《めぐ》った元気な姿を思い起こすと、あらためて涙を禁じえない。この詩には、帰京の喜びとは別に、そんな空しい悲しみの心が、見事に詠み込まれているように思われる。

第五　辛酉革命の論

一　京官復帰

帰京の時期

平安京内で生まれ育った清行にとって、備中での「官長」生活は、視野を広め見識を豊かにする貴重な機会となったはずである。しかし、この得がたい体験を積んだ数年間も、文人清行には「左遷」でしかなく、一日も早い帰京のときを待ちわびていたことであろう。もちろん、寛平八年（八九六）正月には、従五位上に叙され（『公卿補任』）、また、内宴（宮中で行なわれる正月の宴）にも召されている（『北山抄』三）から、公私の用務を帯びて一時的に入京する機会は、一再ならずあったと思われる。しかし、秩《ちつ》満ちて帰京したのは、前述のごとく翌寛平九年（八九七）晩秋のことであろう。時に清行直後である。

五十一歳。宇多天皇が譲位され、代わって敦仁《あつひと》親王（醍醐天皇）が受禅《じゅぜん》（皇位を継ぐこと）された

宇多天皇の譲位事情

ところで、宇多天皇は当時まだ三十一歳、皇太子の敦仁親王は十三歳であったから、何故この時点で天皇が譲位を決意されたのか、必ずしも明らかでない。宇多天皇自身の書かれた『寛平御遺誡《かんぴょうのごゆいかい》』には、「東宮（敦仁親王）初めて立つるの後、未だ二年を経ずして朕（宇多天皇）譲位の意有り。朕、此の意を以って密々菅原朝臣に語る。」とあるが、東宮立坊二年後の寛平七年（八九五）といえば、菅原道真が従三位中納言に昇り、また東宮の外祖父高藤《たかふじ》が参議に加わって、公卿構成の面では天皇側近と外戚関係者が、実質的に摂関藤原氏を凌駕した年である（拙稿「〝延喜の治〟の再検討」『皇学館大学研究紀要』六参照）。つまり、当時の政治情勢は宇多天皇に最も有利になりつつあったのであって、天皇は、この有利な情勢下で皇太子に位を譲り、みずからは仏道入門の宿願を達したいと発意されたのであろう。

しかも、この意向を打ち明けられた道真は、当初まだ機熟さずとみて強く反対していたが、寛平九年(八九七)に入ると辞意が外部に漏《もれ》たために、もはや逡巡《しゅんじゅん》す

道真の判断

べきではないと考え直したようである(『寛平御遺誡』)。折しも六月初め、筆頭公卿の右大臣源能有が薨じたので、まもなく、宇多天皇は中納言の時平(二十七歳)と道真(五十三歳)を正・権大納言に引き上げられ、その半月後の七月三日未明、ついに譲位を決行せられた。そのさい、宇多天皇は「新君」醍醐天皇に対して『寛平御遺誡』を与えられ、また時平と道真には「少主(醍醐天皇)いまだ長ぜざるの間、一日万機の政、奏すべき事、請ふべきの事、宣すべし行ふべし。」という「譲位詔命」を下しておられる。しかし、立坊以来、この重大決定に関与しえたのは、道真ひとりであった。その意味で、この皇位継承は、関白基経の薨後、道真を中心にして展開されてきた〝寛平の治〟の総決算であったということもできよう。ただし醍醐天皇は、

醍醐天皇の立場

藤原高藤(冬嗣流傍系)の女胤子《いんし》の所生であり、さらに中宮温子《おんし》(時平の妹)がその養母であっ

た（『醍醐天皇御記』延喜七年六月九日条参照）。従って天皇は、どうしても摂関藤原氏一門の恩義を無視しえない立場にあった、とみなければならない。時代は徐々に変わり始めていたのである。

儒職任官の余地なし

　さて、このようなときに備中より帰京した清行は、新しいポストを夢に描いて、胸をときめかせていたことであろう。しかし、帰京後両三年の動静は、ほとんど何も伝わっていない。おそらく当時の京官、とりわけ儒職は、ほとんど道真関係の文人が占め、清行の入りこむ余地はなかったのであろう。たとえば寛平九年（八九七）には、道真の長男高視《たかみ》が大学頭《かみ》となり、文章博士紀長谷雄は式部大輔を兼ね、藤原菅根《すがね》も道真の推薦で式部少輔に補せられた。また道真が正三位右大臣に昇った昌泰二年（八九九）には、長谷雄が併せて右大弁となり、菅根も文章博士を兼ねている。式部大輔も大学頭・文章博士も、文人清行には強い憧れの的であったに違いない。しかし、それはいずれも道真と関係の深い人々に先取りされてしまった

道真、長谷雄のみ褒め清行を貶す

現在の建春門（京都御所）

のである。

ちなみに、昌泰二年（八九九）の重陽宴《ちょうようのえん》（九月九日に行なわれる菊花の宴）には「菊、一叢《ひとむら》の金を散ず」との御題を賜わって、文人各々に詩を賦《ふ》せしめられた。その席で道真は、長谷雄の詩をみて「元白《げんぱく》（元稹と白居易）再び生まるとも、何を以てか焉《これ》に加へん。」と激賞している（『延喜以後詩序』）。一方、このとき清行も「酈県《りけん》（中国南陽の甘谷）の村《そん》閭《りょ》は皆富貨、陶家《とうか》（六朝の詩人陶淵明）の児子は垂堂せず。」との詩を作って、内心道真にも褒めて貰えるものと期待していた。しかし、道真は長谷雄の詩のみ激賞して退出したので、清行は、欝結する心抑えがたく、建春門（内裏東側の官吏通用門）の脇まで道真を追っかけてゆき、批評を乞うたところ、道真はおもむろに「富貨の字、恨《うら》むらくは潤屋《じゅんおく》に作らざることを。」と教えてくれたという（『江談抄』四）。これによれば、道真と長谷雄は、まさに肝胆相照らす詩友であったが、道真の清行に対する態度は硬く、よしんば清行が道真に近づこうとしても、道真は清行を軽々しく寄せつけなかったようである。清行は、帰京後長らく顕職に恵まれないだけでなく、このような冷遇を受けて、道真およびその仲間に対して一層不満を強めたことであろう。

道真に反発する気運

ところで、道真の異常な栄達に、清行以上の反発を示したのは、時平側の公卿たちであった。たとえば、昌泰元年（八九八）には、道真と同年輩の権大納言源光や長老の中納言藤原国経などの納言クラスが、前述の譲位詔命を曲解し、政務をボイコットしている。この件は、道真の懇請により、宇多上皇が説得に乗り出されて一応解決をみたようである（『菅家文草』巻九）。しかし、その上皇も、翌二年十月、仁和寺で出家され、政界に対する影響力を自ら封じてしまわれた。これによって右大臣道真は、唯一の頼みとした後楯《うしろだて》を失い、反道真派の巻き返しをまともに受けねばならなくなったのである。けれども、かような情勢の変化によって、清行にはおのずと有利な結果がもたらされた。

文章博士となる

すなわち翌昌泰三年(九九〇)二月、清行は一たん刑部大輔《ぎょうぶのたゆう》に任ぜられ、同年五月、藤原菅根の蔵人頭転任のあとを受けて、ようやく文章博士に補せられている。帰京してから三年ぶり、大内記を止めてから数えれば九年ぶりで、文人にふさわしいポストへ復帰することができたのである。時に清行五十四歳、数年前からの白髪は、すでに老境を感じさせたことであろう。

二　道真との対決

昌泰三年(九〇〇)五月、ようやく文章博士となった清行は、その翌月、菅根に代

史記を講ず

わって『史記』（漢の司馬遷の著作）を講ずる光栄に浴した。しかし、辛うじて文章博士に任ぜられたものの、それ以外の儒職は、依然道真と関係の深い文人たちに占められていた。従って、清行が文人として一層の栄達をはかろうとすれば、根強い勢力を張っていた道真および菅家一門に、追随するか、もしくは対決するか、の二者択一を迫られたに違いない。けれども清行としては、大学別曹での学閥関係、対策改判のいきさつ、阿衡《あこう》の紛議をめぐる摂関藤原氏への協力事情、宇多天皇の親政時代に見せつけられた人事の明暗などを思い起こし、詩宴における道真の冷い態度を考え合わせると、いまさら道真に追随する気持には、到底なれなかったであろう。その清行が、同年十月十一日、右大臣道真（菅右相府殿下政所）に一通の書を奉った（『本朝文粋』巻七などに所収）。

道真に書を奉る

(イ)　某《それがし》（清行）昔は遊学の次《とき》、偸《ひそ》かに術数を習ふ。天道革命の運、君臣剋賊《こくぞく》の期、緯候《いこう》の家、論を前に創《はじ》め、開元の経、説を下に詳《つまびら》かにす。其の年紀を推す

に、なほ掌《たなごころ》を指すが如し。（中略）

(ロ) 伏して見るに、明年（昌泰四年）辛酉《しんゆう》、運変革に当たり、二月建卯《けんぽう》、将に干戈《かんか》を動かすべし。凶に遭ひ禍に衝たる、未だ誰か是《ぜ》なるを知らずと雖も、弩《ど》を引き市を射れば、亦まさに薄命に中《あた》るべし。（中略）

(ハ) 伏して惟《おもんみ》るに、尊閤《そんこう》（道真）は翰林《かんりん》（学問の家）より挺して槐位《かいい》（大臣の位）にまで超昇せらる。朝の寵栄《ちょうえい》、道の光華、吉備公（真備）の外、また美を与《とも》にするもの無し。

(ニ) 伏して冀《こいねが》ふらくは、其の止足《しそく》を知り、其の栄分を察せよ（下略）。

すなわち清行は、かつて修学のかたわら習った「術数」によって、明年二月建卯を非常な変革動乱のときとみなす。しかも、その凶禍《きょうか》は、異常な栄達をとげた道真に及ぶ危険ありとして、すみやかに右大臣の位を辞すべきだと勧告したのである。これは、一見道真の将来を心配した善意の忠告であるかのごとく思われる。しかし、道真は清行に言われるまでもなく、異例の昇進が周囲の強い反感を買い、身辺に危険が迫っていることを、重々《じゅうじゅう》承知していたに違いない。

当時の道真の真意

たとえば、すでに一年半前、「右大臣の職を辞する表」のなかでも「人心已《すで》に縦《しょう》容《よう》せず、鬼瞰《きかん》必ず睚眦《がいさい》を加へん。」（第一表）、「冶氷《やひょう》を履《ふ》んで陥没を期するが如し」（第二表）とか、「臣自《みずか》ら其の過差《かさ》を知る。人孰《いずれ》か彼の盈溢《えいいつ》を恕《じょ》せん。顛覆《てんぷく》、流電《るでん》よりも急《すみやか》に、傾頽《けいたい》、踰機《ゆき》に応ずるのみ。」（第三表）と述べている（『菅家文草』巻十）。また清行の書を受け取る前日にも、重ねて右近衛大将を辞する表を上《たてまつ》り、「臣の武官を罷《や》め、臣をして専ら花月の席に供奉《ぐぶ》せしめたまへ。」と述べている（『菅家後集』）。もちろん、いずれも聴《ゆる》されなかった。従って、いまさら清行に辞職を勧められたところで、道真としては、どうしようもなかったであろう。むしろ、故辻善之助氏のいわれるごとく、「公は決して明哲保身の術を知らなかったのではないが、その身を以て天下の重きに任ずるが故に、敢てその位を去らず、禍の身に迫るをも顧みなかった」（『菅公頌徳録』所収「菅公の性格について」）ものと思われる。

ところが、実は清行も、それを見越して書を奉り、これによって道真を窮地に追いつめようとしたのではなかろうか。これが、もし清行の純粋な善意から発せられたものであれば、道真のみに忠告して他言するはずがない。しかるに清行は、間もなく(『日本紀略』では十日後の十月二十一日、『革暦類』では四十日後の十一月二十一日)、朝廷に対して、要約つぎのような建議をしている(『本朝文集』巻三十一所収「予論二革命一議」)。

朝廷にも書を奉る

(イ) 「易説」に依って案ずるに、明年二月は「帝王革命の期、君臣剋賊《こくぞく》の運」に当たる。この易説を中国および日本の歴史にあてはめてみると、全く狂いがないことに気付いた。

(ロ) しかも、陛下(醍醐天皇)は、即位の初めから、「朔旦冬至《さくたんとうじ》」(陰暦十一月一日が冬至に当ること)の慶に遇われ、また天体も頻りに革新の祥瑞《しょうずい》を示している。ただし、変革のさいには、非常な混乱が生じ、誅斬《ちゅうざん》されるものが出るかもしれない。

(ハ) そこで「望むらくは、聖鑒《せいかん》あらかじめ神慮を廻らし、勅して群臣を厲《はげ》ましたまひ、戒厳警衛、仁恩《じんおん》、其の邪計を塞ぎ、矜荘《きんそう》、其の異図を抑へたまひ、青眼《せいがん》を近侍に廻らし、赤心を群雄に推し給ふ」ならば、凶禍を未然に防ぐことができるであろう。

凶禍を未然に防ぐべし

すなわち、ここでも明年二月が革命の期運にあたることを強調し、そのときに予想される混乱を未然に防ぐべしと主張したものである。しかし、このなかで特に注目すべきことは、「邪計」「異図」をもつ人物が「近侍」の者の中に居ることをほのめかしている点である。しかも、その君側の姧《かん》は誰かといえば、すでに鄭重な辞職勧告を受け取りながら、いまだに右大臣の地位に居坐っている道真、ということにならざるをえない。従って、もし明年二月に予想される凶禍を未然に防ごうとすれば、それ以前に道真を政界から追い出さねばならない、という筋書も成り立つ。清行にはそれほどの悪意がなかったとしても、反道真勢力は、これこそ道真を排撃する恰好《かっこう》の口実と考えたであろう。

道真排撃の口実

共謀者

はたして翌昌泰四年（九〇一）正月二十五日、道真は突如右大臣の座から大宰権帥（この場合は職務も得分もない員外官）に引き降ろされた。これは、一種のクーデターであって、その主謀者は、左大臣時平であり、大納言源光や中納言定国なども共謀していたとみられる。また急を聞いて内裏へ駆けつけられた宇多法皇を、侍従所の西門前で強引に阻止したのは、『扶桑略記』に紀長谷雄（左大弁式部大輔兼文章博士）と伝え、『江談抄』や『北野縁起』には藤原菅根（蔵人頭式部少輔兼右近衛少将）であったと伝えられている。事実はどちらであったのか、決め手を欠く。しかし少なくとも、この時点でかれらが道真を弁護し

九州に流される道真（北野神社蔵『北野天神縁起』）

た形跡は認められない。ところが皮肉にも、この二人は、道真の推薦によって文人官吏の地歩を築きえた人物である（拙稿「菅原道真と紀長谷雄の関係」『古事類苑』月報二五参照）。当時の雰囲気、推して知るべきであろう。

まして清行の場合、道真に対する不満は前々から欝積していた。『易緯《えきい》』の辛酉革命説を利用した辞職勧告も、その不満より発した無理難題であり、朝廷への建議も、道真追放を暗示したものとみるべき公算が強い。その意味で、清行は、

クーデターの一翼担う

このクーデターの重要な一翼を担ったといわざるをえないのである。ちなみに、左遷宣命には、「菅原朝臣、寒門より俄《にわか》に大臣に上り給へり。而るに止足《しそく》の分を知らず専権の心あり。佞諂《ねいてん》の情を以って上皇の御意を欺き惑はし（中略）、廃立を行なひ、父子の慈を離間し兄弟の愛を淑《（マ》皮《マ）》せんとす。」と記されているが（『政事要略』巻二二所収）、これは清行の論法をそのまま適用したもの、というも過言ではない。

もちろん、このような左遷理由は、道真にとって全く身に覚えのないことであ

った。彼が「止足の分」を充分自覚していたことは、先に述べた右大臣を辞する表《ひょう》に明らかであり、「廃立」のことなぞ夢想だにしなかったであろう。この点に関しては、古来、道真の女《むすめ》を娶《めと》った斉世《ときよ》親王（醍醐天皇の異母弟）との関係や、『醍醐天皇御記』（『扶桑略記』所引）にみえる宇佐御幣使藤原清貫《きよつら》（保則四男）の「復命」をあげて、廃立の嫌疑ありとする論者も少なくないが、それは全く誤解である（拙稿「菅原道真の冤罪管見」『芸林』二〇ノ五参照）。道真は、一言の弁解も許されず、旅装を整える遑《いとま》もなく、二月一日には罪人として大宰府へ下向せねばならなかった。しかも、処罰は子に及び、大学頭の要職にあった長男高視《たかみ》は土佐介に、式部大丞の景行は駿河権介に、右衛門尉の兼茂は飛驒権掾《じょう》に、文章得業生の淳茂《あつしげ》は播磨に、各々配流されている。「父子一時に五処に離る、口は言ふこと能はず、眼の中は血なり。」（『菅家後集』）と詠じた道真の悲痛な心事は、察するに余りある。

道真と一族同門の配流

左遷処分は、これ以外にも官人数名に及んだ。しかし、いずれも中下級官吏で

時平に書を奉る

あり、大それた「廃立」を企てうるような勢力の持主ではない。おそらく宇多院に仕えたり、菅家《かんけ》廊下《ろうか》（道真の学問所）に学んだ関係で、道真と深交があったという程度の理由により連坐せしめられたのであろう。それだけに、右の面々の処分が公表されると、京中では物情騒然となり、「外帥《げそつ》（大宰権帥道真）の門弟子にして諸司に在る者、左転せらるべし。其の文章生、学生、皆放逐せられん。」などという噂が乱れ飛んだ。そこで清行は、二月九日、左大臣時平（左相府殿下政所《まんどころ》）に対して次のような書を奉っている（『本朝文粋』巻七）。

(イ) 外帥は累代の儒家、其の門人弟子、諸司に半ばせり。若し皆遷謫《せんたく》せられなば、恐らく善人を失はん。しかのみならず、悪逆の主、なほ軽科に処せらる。門人に至りては、益を請ひ、業を受けたるのみ。豈に其の謀を知ること有らんや。

(ロ) 伏して望むらくは、衛府の供奉、関戍《かんじゅつ》兵要の職、家司《けいし》近親、同謀凶党の人

に非ざれば、則ち皆転動すること無く、示すに仁厚を以てせられよ。（下略）

清行の意図

これは一見、寛大な菅門弁護論である。とくに下略部分では、式部丞平篤行《あつゆき》の名をあげ、篤行の場合「外帥（道真）の門徒」ではあっても「殿下（時平）の知己《ちき》」に感激している人物だと弁護し、「若し此の人を失はゞ、恐らく斯《こ》の文墜《お》ちん。」と憂慮している。この点を重くみれば、清行も同じ文人として、斯界《しかい》のために勇を奮って発言したものといえるかもしれない。しかし、当時の文章生や学生のほとんどは道真の門弟であり、諸司の官吏も半数は菅家門下であった。とすれば、このさい彼等の不安を取り除き、むしろ彼等の人望を時平側に繋ぎ止めることこそ、清行にも時平にとっても、得策だと判断したのではなかろうか。

しかも注意すべきは、道真を「悪逆の主」と呼び、また道真が左遷されたことを「猶ほ軽科に処せらる。」と評し、さらに衛府官人で供奉に任ずる者や関門守備の要職に当る者、および道真の家司・近親などのなかに「同謀凶党の人」がいることを自明の前提にして、時平が彼等を断罪することは、当然の処置とみなしている。つまり、この書状は、道真およびその一派による「廃立」の陰謀が、未《み》遂《すい》計画として存在したことを追認する意味をもっており、決して道真の一族同心を弁護するために書かれたものとはいえない。これを、十二年前、阿衡事件の終結にさいして、孤立無援の橘広相《ひろみ》を堂々と弁護した道真の「昭宣公《しょうせんこう》(経基)に奉るの書」(『政事要略』所載)と較べるならば、まさに雲泥の差がある。けれども、道真に辞職を勧めたのも、朝廷に警告を発したのも、時平に自重を求めたのも、要するに文人として昇進の道を切り開くための一手段にすぎなかったとすれば、清行の意図は、道真および一族同心の失脚によって、半ば達せられたことになろう。

菅門弁護論に非ず

三　延喜の改元

清行は、時平に書を奉ってから半月後の二月二十二日、再び朝廷に対して書を

朝廷に改元を請う

奉り、年号の改元を要求している。この「改元して天道に応ぜんことを請ふの状」は、一般に『革命勘文《かんもん》』（『群書類従』雑部所収）と呼ばれているごとく、大半は〝勘文〟の体裁をとり、末尾に〝請状〟を添えたものである（なお、位署には従五位上行文章博士伊勢権介三善宿禰清行とあるが、伊勢権介の兼帯期間は不明）。まず勘文の部分には、次の「証拠四条」を挙げている。

第一、今年（昌泰四年）大変革命の年に当たる事。

第二、去年の秋、彗星《すいせい》見ゆる事。

第三、去年の秋以来、老人星見ゆる事。

第四、高野《たかの》（称徳）天皇、天平宝字九年を改めて天平神護元年と為すの例。

『易緯』と『詩緯』の比較

このうち第一〜第三の要旨は、前年の朝廷に対する建議のなかで、すでに結論のみを指摘したことであるが、ここでは各々に詳細な論拠を示している。とくに第一条には、『易緯《えきい》』と『詩緯《しい》』とを比較して、「両説ありと雖も、なほ易緯に従ふべきなり。」としている。すなわち『易緯』（鄭玄注）では、辛酉《しんゆう》年を蔀首《ほうしゅ》として辛酉革命・甲子《かっし》革令の説をとり、四六（二百四十年）・二六（百二十年）の天道大変（変革年数）を相乗して得られる千三百二十年の周期を一蔀とする。これに対して『詩緯』（宋均注）では、戊午《ぼご》年を蔀首として戊午革運《かくうん》・甲子革政《かくせい》の説をとり、十周（三百六十年）の王命大節（変革年数）を三倍して得られる千八十年の周期を一蔀とする。

このような考え方は、当時どれほど流布《るふ》していたのか明らかでないが、宇多天皇は善淵愛成から『周易』を学んでおられ、藤原佐世が勅を奉じて撰んだ『日本国見在書目録《げんざいしょ》』には冒頭に「易家」を掲げ、また緯書も数多く伝わっていたことを示しているので、知識階層には相当ひろまっていたとみてもよいであろう。しかし清行は、『詩緯』を斥《しりぞ》けて『易緯』の辛酉革命説を是《ぜ》とし、今年（昌泰四年）こそ大変革命の年に当ることを主張する。しかも、その妥当性を立証するために「倭漢の旧記」を裏付けとしている。たとえば、まず神武天皇即位前後の『日本紀』と「史記表」（『史記』の年表）を対比して掲げ、「謹みて日本紀を案ずるに、神武天皇、此れ本

倭漢の旧記で裏付け

朝人皇《にんのう》の首《はじめ》なり。然れば、此れ辛酉革命の首と為すべし。」と説明している。しかし、それ以降四六・二六の変革年数を繰り返し、千年以上たっても、『日本紀』には辛酉革命・甲子革令を証するに適《ふさ》わしい史実がほとんど見当らない。そこで清行は、やむをえず「日本紀闕《か》く。」と記して中国の事例のみをあげ、

本朝の古記遺漏あり

謹みて史《し》漢《かん》（『史記』『漢書』）を案ずるに、一元の終、必ず皆変事あり。而るに本朝の古記、大変の年、或ひは異事なし。蓋し以《おも》ふに、文書記事の起り養老の間に始まり、上古の事、皆口伝に出づ。故に代々の事変、まさに遺漏あるべし。允《いん》恭《ぎよう》天皇以後、古記頗る備はる。故に小変の年も事変詳《つまびら》かなり。

と苦しい説明を加えている。ところが、これでは辛酉革命説の妥当性を弱めると思ったのか、たまたま景行天皇五十一年（辛酉）紀にみえる「武内《たけのうち》宿禰に命じて棟梁の臣と為すなり。」との記事をあげ、この年が四六・二六の該当年でないにも拘わらず、崇神天皇三十八年辛酉より百八十年後の変革年としている。しかも

允恭天皇十年を元年に作為

『日本紀』を引用しておきながら、原文の末尾に自分で「万機を摂行せしむ。」との四字を加え、武内宿禰が棟梁の臣となった意味を、ことさらに強調している。また、允恭天皇朝の辛酉は十年であって、即位元年は「太歳壬子《たいさいじんし》」であるが、それにも拘わらず、清行は「即位元年辛酉」と記載している。何故このような作為をこらしたのかといえば、神武天皇即位元年より千八十一年目の允恭天皇十年は、『易緯』にいう四六・二六を三たび重ねた（(240+120)×3=1080年）天道大変の年であるが、同時に『詩緯』にいう十周（三百六十年）を三たび重ねた（360×3=1080年）王者受命の年でもあった。しかし、允恭天皇十年紀には特別の記事がないため、これを強引に即位元年と改作して、大変革命の年とみせかけたのであろう。

このような誇張や作為は、「古記頗る備はる」に至ったという允恭天皇以後の記載にも若干みられる。たとえば、推古天皇九年辛酉の二月紀には「皇太子（聖徳太子）、初めて宮室を斑鳩《いかるが》に興こす。」としか記されていないが、清行は、この後に「事

斉明天皇七年を天智即位元年とす

大小と無く、皆太子に決す。」との八字を加えている。しかし、彼の最も強調する大変革命の年は、この推古天皇九年（六〇一）ではなく、それより六十年後、つまり神武即位紀元より千三百二十一年目、允恭天皇より二百四十年目（四六の変）の斉明天皇七年辛酉（六六一）であった。周知のとおり、この年は、百済救援のため女帝みずから北九州に大本営を進められたが、七月現地で崩御されるという不幸な大変の起こった年である。しかし清行は、この年を「天智天皇即位辛酉の年」（実は称制七年後に即位）とみなし、これこそ『易緯』の一蔀＝千三百二十年説に合致するものと強調している。

このように天智天皇即位元年（実は称制）を神武天皇即位元年に匹敵する蔀首と設定した清行は、さらにそれから四六＝二百四十年へた昌泰四年（九〇一）を「大変革命の年」と規定する。その中間三度の小変については、まず養老五年（七二一）辛酉には元明太上天皇が崩御され、同八年（七二四）甲子に神亀元年と改元されたこと、ついで天応元年辛酉には光仁天皇が譲位され、桓武天皇が即位されたこと、さらに承和八年辛酉には異事なきも、その翌年、嵯峨上皇が崩御され、皇太子恒貞親王が廃されて文徳天皇が立太子されたことを、各々徴証としてあげている。いずれも辛酉革命説と直接関係なく、むしろ辛酉年の近辺から重要な国史記事を強いて拾い集めたという感が強い（拙稿「三善清行の辛酉革命論」『神道史研究』一七ノ一参照）。

しかし清行は、この第一条の結びに「去年以来、明年革命の年に当ることを陳《の》ぶ。今年に至りて徴験已《すで》に発す。初めて知るあり、天道、信あり、聖運、期あることを。」と述べている。つまり、数カ月前、道真と朝廷とに書を奉り、あらかじめ警告を発し自粛を求めた清行の予測が、はしなくも道真の失脚となって的中したが故に、辛酉革命説の妥当性は疑う余地がない、と確信するに至ったようである。しかも清行によれば、辛酉革命の前兆は、去年より天体にもあらわれていた。すなわち、去年の秋「彗星」が見えたのは、「此れ旧を除き新を布《し》くの象」

であり(第二条)、また去年の秋以来「老人星」が見えるのは、「聖主長寿、万民安和の瑞」である(第三条)という。ともに『易緯』から演繹《えんえき》される辛酉革命説とは直接関係ないが、これも辛酉革命の前兆と見なして、改元を要求する有効な旁証と考えたのであろう。それは、第四条も同断である。

逆臣誅伏後の改元例

謹みて国史を案ずるに、高野天皇(称徳)、天平宝字九年、逆臣藤原仲麿《なかまろ》を誅せられ、即ち改元して天平神護と為す。然れば、唯に天道の符運のみならず、また先代の恒典なり。当今の事、あに旧貫に仍(従)はざらんや。

ここでも清行は「国史」を論拠にあげ

天文を占う清行(江戸末期板本『扶桑皇統図会』)

ているが、『続日本紀』によれば、「逆臣」仲麻呂が誅伏されたのは、その前年九月であり、まもなく淳仁天皇が淡路に遷幸され、称徳天皇が重祚《ちょうそ》（再度皇位につく事）されたために、年を踰《こ》えて翌九年正月改元の運びとなったのである。従って、その改元勅書も、確かに「賊臣仲麻呂」が誅伏されたことを一因としてあげてはいるが、それ以上に大切な改元理由は、即位直後の人心刷新に他ならない。しかも、この年の干支は乙巳であって、辛酉改元とは全然関係がない。しかるに、清行がこれを敢えて改元証拠にあげているのは、称徳天皇の即位による改元を専ら「逆臣」仲麻呂の誅伏による改元の先例（先代の恒典）とみなし、それによって、すでに「悪逆の主」道真が左遷された当時も、その先例（旧貫）に倣《なら》って、人心を収攬《しゅうらん》し刷新するために改元する必要があると主張したかったのであろう。

仲麻呂と道真を暗合

さて、以上のように改元の「証拠四条」を列挙した清行は、末尾の「請状」において、改元の意義を次のごとく述べている。

神武・天智天皇につぐ当代の刷新

方今、天時、革命の運を開き、玄象、推始の符を垂る。聖主、其の神機を動かしたまひ、賢臣、其の広勝を決せり。(中略)伏して望むらくは、周《あまね》く三五の運を循《めぐ》り、咸《みな》四六の変に会して、遠くは大祖神武の遺蹤《いしょう》を履《ふ》み、近くは中宗天智の基業を襲《おそ》はん。まさに此の更始《こうし》を創《はじ》め、彼の中興を期し、元号を鳳暦に建て、作解を雷散に施すべし。(下略)

すなわち、前半では、今や天象・人事相応ずる改元に最も適《ふさ》わしい時であるとし、後半では、今こそ醍醐天皇は改元して神武天皇の建国創業、天智天皇の中興基業と並ぶ施政の刷新をはからるべき時であるという。一見、いかにも気宇壮大な論旨であるが、ここにも清行の一連の意図が露見している。何となれば、前半部分の「聖主(醍醐天皇)其の神機を動かしたまひ、賢臣(時平一派)其の広勝を決せり。」という修辞的な記述も、実は前年、朝廷に奉った書中の「聖鑒あらかじめ神慮を廻《めぐ》らし、勅して群臣を厲《はげ》ましたまへ。」という布石に対応するものであり、具体的

改元要求の意図と役割

には、道真の「邪計」「異図」を未然に防ぐために左遷に処したことを是認し、むしろ賞讃さえしていると思われる。つまり、朝廷に改元を要求したこの書状(『革命勘文』)は、確かに『易緯』の辛酉革命理論が基軸になり、それを「倭漢の旧記」で論証することに主力が注がれてはいるが、より実際的には、時平に奉った半月前の書状と同じく、道真追放事件を正当化し、その後の人心動揺を抑止しようとする意図と役割を含んでいた、といわざるをえない。

なお『革暦類』によれば、この翌日(二月二十三日)、左少史兼算暦博士の阿保経《あぼのつね》覧《み》と算博士の惟宗弘緒《これむねのひろお》が連名で「革命の運数」を勘申《かんしん》している。しかしかれらは、「易説」と「詩説」を対比して「緯候《いこう》の指す所、其の説一に非ず。」と批判したうえで、新たに「経説」にみえる陰陽の期季《きき》を基にして辛酉革命の年を割り出し、「当季の辛酉(昌泰四年)同じく革命の期に当たる。号を改めて首と為さしめよ。」と主張しており、清行と結論は同じでも論拠を異にする点が注目されよう。もちろん彼等は、仲麻呂や道真のことには全く触れておらない。この点からも、逆に清行の意図が、単なる辛酉革命理論の主張に留まるものでなかったことを知りうる。

七月十五日改元決定

かくて、文章博士と暦算博士よりの勘文を受け取った朝廷では、七月十五日に改元を決せられた。「延喜」という年号を勘献したのは、左大弁紀長谷雄である（『江吏部集』中）。改元の詔書は伝存しないが、『日本紀略』には「逆臣ならびに辛酉革命、老人星の事に依りて改元す。」とあり、また、大宰府に伝達された詔書を配所で知った道真は、次のような詩をよんでいる。

開元黄紙《おうし》の　詔《みことのり》、延喜蒼生《そうせい》に及ぶ。
一は辛酉歳の為、一は老人星の為なり。
大辟《たいへき》以下の罪、蕩滌《とうてき》して天下清し。
（中略）茫々たる恩徳の海、独り鯨鯢《けいげい》の横たはれる有り。具《つぶ》さに詔書に見ゆ。
（中略）哀しきかな放逐せらるゝ者、蹉蛇《さだ》として精霊を喪《うしな》へり。（『菅家後集』）

これらをみると、改元詔書の文中には、「逆臣」道真を「鯨鯢」（雄くじら雌くじら）になぞらえて非難するようなところがあったとみられる。とすれば、この延喜の改元は、辛酉革命説や老人星出現を表向きの理由としながら、それも実は巨魁《きょかい》道真の左遷を正当化する目的のための手段にすぎなかったことになろう。しかも、その手段を目的であるかのごとく装って、ここに延喜改元を達成せしめたのは、まさしく清行なのである。その意味で、清行と道真との対決は、この延喜改元によって決着がついたといえるかもしれない。

第六　文人官吏として

一　三職兼任

文章博士兼大学頭

道真の劇的な失脚によって、直接利益を蒙った文人は誰か。その筆頭は、道真の長男高視に代わって、同年三月、大学頭を兼任した文章博士清行である。当時すでに五十五歳。文章博士就任の翌月から担当してきた『史記』講書の実績も見逃せないが、より直接的には、その半年後に開始した上書活動に対する論功行賞とみた方がよいであろう。

とはいえ、清行は所詮《しょせん》道真追放の一翼を担った論客にすぎず、それ以上に時平一門と深い関わりがあったわけではない。この点、大蔵善行は、すでに基経のときから摂関藤原氏の侍読《じとく》（学問の進講係）を勤めてきた関係で、道真の失脚により急に脚光を浴びるようになった。たとえば、宇多天皇朝（清行の備中転出直後）に始まった『三代実録』の編纂は、主に道真と善行の手で進められてきたが、坂本太郎氏によれば、「実質的な完成は道真在京時代にすんで」いたらしく、「三代実録の編修には、道真の意見がよほど強く入っているものと見てよい。」（『日本の修史と史学』）。ところが、この『三代実録』が奏進されたのは、道真が九州に旅立ってから半年後の八月二日、その序文に名を列ねているのは、時平と善行のみである。これは、一応草稿ができても完成までには若干時間を要しただけでなくて、実は時平と善行が奏上を故意に引き延ばして、その栄誉を道真から奪い取ろうとしたのではないか、とみるべき公算が強い。

『三代実録』奏進さる

　この延喜元年（九〇一）の秋、時平は「城南の別第」において、善行のために古稀の祝宴を催している。もちろん、善行がこの年に七十歳を迎えたのは、全く偶然

盛大な大蔵善行七十賀

であり、貴族文人の算賀《さんが》（長寿の祝宴）は、当時も決して少なくなかった。しかし、時の左大臣が、自分の別荘で一下級官吏（従五位上大外記）のために、これほど盛大な宴を張った例は珍しい。しかも、その盛大さは、単に時平が主催し参列者が多いだけでなく、善行の門下生を中心にした集まりであったという点である。当日、紀長谷雄の作った詩序（『群書類従』文筆部所収「雑言奉和」）には、まず「在朝の士、其の業を伝へ受くるもの寔《まこと》に繁し。生徒は勝《あ》げて数ふべからず。」と述べ、なかでも「丞相（平時）また道を問ふの事あり。」という点を特記し、また祝宴の発起人として「時に閣下（時平三十一歳）に陪する者、蔵部尚書平惟範《これのり》（四十七歳）、右大丞忠平（二十二歳）、右中丞興範《おきのり》（五十七歳）、尾州大守平伊望《これもち》（二十歳）、越州別駕三統理平《みむねのまさひら》（四十九歳）、及び発昭《はっせう》（紀長谷雄五十七歳）など、統《す》べて六人あり。皆是れ旧月趨庭《すうてい》の生なり。」と説明している。確かに善行門下生は、右の六名に限っても、年齢は五十代から二十代にまで及んでおり、菅家一門以外では最大の勢力を擁していたと思われる。しかも、すでに主《あるじ》なき落日の菅門に比べて、日の出の勢いの時平と善行のもとに集まったかれらの意気は、いやがうえにも揚《あ》がったことであろう。

門下以外の文人も参列

その勢いは、この祝宴に善行門下生以外の文人が数多く列席している点からも推察できる。そのなかには、菅根《すがね》（南家）や春海《はるみ》（北家庶流）のように、善行を「尊師」と敬称する者もおれば、また小野美材《うまき》（篁の孫）や大江千古（音人の男）のごとく、単に文章院の東曹出身者という関係から出席したと思われる者まで、二十名ちかくみえる。

実は清行も、その門外列席者の一人であった。もちろん清行は、時の文章博士兼大学頭であり、善行とは処世の立場を同じくしていたと思われる。従って、そのさいの詩に、自分の才分を理解してくれる知己《ちき》（善行）との邂逅《かいこう》を喜んでいるのは、卒直な感慨であろう。しかも、その結びに「縻《つな》ぐべし、相府（時平）篤恩深きを。」と詠じているのは、善行同様に清行も、末永く時平の恩恵に浴したい、との意をこめたものとも解せられる。当時の清行にとって、時平との繋《つな》がりを確保することは、不可決の要件であったに違いない。

時平の人事政策

さて、時平は延喜二年（九〇二）に入ると、いよいよ本格的な人事異動と行政改革に乗り出した。まず公卿人事の面では、国経（時平伯父）と定国を大納言に、有穂《ありほ》（北家傍流）と源貞恒を中納言に進め、参議には平惟範と紀長谷雄《はせお》を起用している。このうち新任参議は、二人とも大蔵善行門下であって、惟範は、基経時代に民部大輔・弾正弼《だんじょうのすけ》・式部大輔などを歴任しながら、その後長らく顕職に恵まれなかった。これに対して長谷雄は、前述のごとく、むしろ道真時代に入って文章博士・式部大輔・左大弁などの要職を兼任せしめられながら、この時平時代になっても依然昇進を続けえた稀有《けう》な人材である。このように彼が道真にも時平にも重用されたのは、文人官吏としての有能さに加えて、彼の慎重かつ温厚な性格が幸いしたのであろう。その性格は、「人の知を恃《たの》むなかれ、己の賢を誇るなかれ。須《すべか》らく誡めと慎しみを懐《いだ》いて、身の全きを思ふべし。」（『朝野群載』巻一）との銘を紳《しん》（正装用の幅の広い垂れ帯）に書

紀長谷雄の人柄

いていた、という一事にもよく現われている。また彼が道真の薨後に作った「延喜以後詩序」（『本朝文粋』巻八）には、政争や学閥のことに一切ふれず、元慶以来の知己として、道真および田島忠臣・高岳《たかおか》五常・小野美材との交わりを記しているにすぎないが、これも彼が純粋な文人を志向していた証左といえよう。

　ところで、清行はこの長谷雄と対照的なタイプの人物ではなかったかと思われる。たとえば『江談抄』（巻三）や『今昔《こんじやく》物語』（巻二十四の二十五）には、次のようなエピソードがみえる。その一つは、初出仕まもないころ、当時まだ文章得業生であった長谷雄と口論をして、清行は「無才の博士は、和奴志《わぬし》（長谷雄）より始まるなり。」と罵倒した。しかし、これに対して長谷雄は、何も答えなかったので、それを聞いた人々は、「止《や》ム事ナキ学生ナル長谷雄ヲ然《し》カ云ヒケンハ、清行ノ宰相、事ノ外ノ者（格別すぐれた人物）ニコソ有ケレ。」と賞讃したという。いま一つは、延喜二年（九〇二）に卒した大内記小野美材の訃《ふ》を聞いて、道真が配所で作った詩（「野大夫を傷む」）には「大夫（美材）が如き者（純粋の詩文家）は、二も三も無からん。紀相公（長谷雄、当時参議）独り劇務に煩ふ。自余の時輩は、惣て鴻儒《こうじゅ》（ここではエセ御用学者の意）なり。」（『菅家後草』）とある。しかし、のちにこれをみた清行は「清行候ふものを、いかにかくは仰せられにける。」と憤慨したという。二つとも平安後期の伝承にすぎないが、清行と長谷雄の人柄、道真と清行の感情を窺うに足る挿話といえよう。

自負心強く活動的

三儒職兼任

このように自負心の強い清行は、活発な上書によって道真追放の一翼を担い、その結果、文章博士兼大学頭の地位を得た。その後も、さらに改元勘文を奉ったり、最初の意見封事を上奏する（『意見十二箇条』末尾）などの活動を続けて、翌延喜二年（九〇二）正月、正五位下に叙せられた。ついで同三年（九〇三）二月には、式部少輔をも兼ねている。時に五十七歳。文章博士や大学頭から式部の輔に進んだ例は多くあるが、清行のごとく、短期間にせよ三儒職を同時に兼任した文人官吏は稀にしかいない。これは、菅家門下の後退により、人材が不足していたこともあろうが、清行が長

延喜初頭に朝臣となる

叙位の儀（『年中行事絵巻』第十二巻）

谷雄と並びたつ当時第一流の詩文家であったことも確かである。その詩文については、後に詳しく述べたい。いずれにしても、この三職兼任が可能になった延喜三年（九〇三）初頭は、清行の文人的地位が名実ともに確立した時期とみてよいであろう。このあと清行は、三カ月あまりで大学頭を去ったが、翌四年正月、従四位下に叙され、さらに翌五年正月、式部権大輔に進み、備中権守（遙任）をも兼ねている（延喜七年の正月内宴には清行が詩題を献じている）。

なお、平安末期の『伊呂波字類抄《いろはじるいしょう》』には「善相公《ぜんしょうこう》清行卿の時より朝臣《あそん》と為る。」とあるが、確かに清行の署名を年代順に整理してみると、延喜二年（九〇二）十月以前は「三善宿禰」（『寺門伝記補録』所引の『円珍和尚伝』撰者名）であり、同四年（九〇四）八月以降は「三善朝臣」（『釈日本紀』所引の『新国史』逸文記事）に変わっている。従って、清行は（および百済系三善氏一族も）、この一年たらずの間に〃朝臣〃への改姓を許されたものと思われる。しかも、その時期を想定するとなれば、やはり三儒職を兼任した延喜三年（九〇三）初頭ころが、最も妥当ではなかろうか。ともあれ、清行が文人官吏としての地歩を確立したことは、三善氏の歴史にも画期的な意義をもったのである。

二　格式の編纂員

延喜二年（九〇二）初頭の人事異動によって、早くも安定政権を確立した時平は、まもなく班田《はんでん》施行令《しこうれい》と荘園整理令を相ついで打ち出した。これは、時平に代表される権門藤原氏が、当時なお律令体制に依存し、時平も律令制下の最高官僚として、崩れゆく律令財政の再編強化をはかろうとしたのだと言われている（竹内理三氏『律令制と貴族政権』第Ⅱ部）。しかも、その志向性は、やがて延喜の格式《きやくしき》編纂事業となって現われたといえよう。

延喜格式の編纂

延喜の格と式の編纂開始時期については、『日本紀略』の記事に混乱があり、諸家の見解もまだ一致していないが、おそらく虎尾俊哉氏のいわれるごとく「格と式とは同じ延喜五年（九〇五）八月に編纂の詔命が下ったと判定して差支えないであろう。」（日本歴史叢書8『延喜式』）。しかし、実際は撰格事業の方が優先せしめられ、『延喜格』は、早くも同七年（九〇七）十一月奏進、ついで翌八年（九〇八）十二月末に施行されている。それに対して撰式事業の方は、編纂員の相次ぐ薨卒により、一たん頓挫《とんざ》した。その後、延喜十二年（九一二）二月に更《あらた》めて勅命が下され、やっと十五年後の延長五年（九二七）十二月末に一応奏進されている（しかも、その施行は、さらに四十年後の康保四年（九六七）である）。つまり、時平政権下で主力が注がれたのは、撰格事業の方であるが、その編纂員は左の十四名

格式編纂員　であった（氏名の下に〇印をつけた人々は式の第一次編纂員でもある）。

左大臣 左近大将	藤原時平〇	文章博士	三善清行〇
大納言 右近大将	藤原定国〇	民部大輔	大蔵善行〇
中納言 民部卿	藤原有穂〇	右中弁 勘解由次官	藤原道明〇
参議 左兵衛督	平惟範〇	大内記	三統理平〇
参議 左大弁	紀長谷雄〇	大判事 明法博士	惟宗善経〇
式部大輔 春宮亮	藤原菅根〇	右大史	善道有行
左京大夫	藤原興範	兵部少録	弘世諸統

※肩書は「延喜格序」にみえる格奏進時（延喜七年十一月現在）の京官のみをあげ、兼任国司（たとえば三善清行なら兼備中権守）は省略した。

このように撰格委員が十四名も任ぜられたのは、初めてのことである。しかし、

メンバーの特色

それ以上に注目すべきことは、構成メンバーをみると、橘氏・菅原氏・大江氏な

どの出身者が全く加えられていないのに対して、最高執政の時平と関係の深い大蔵善行とその門下生（平惟範・紀長谷雄・藤原興範・三統理平）が主流を占めているという点に他ならない。山本信吉氏の表現をかりれば、「時平が彼の影響下にあった文人官僚を総動員して延喜格式の編纂を遂行しようとした努力の跡を映している」（「三代実録・延喜格式の編纂と大蔵善行」『歴史教育』十四の六所載）ということである。しかも、これをわずか二年たらずで奏進しているのは、新格の実質的な必要性もさることながら、崩れゆく律令体制の再編強化をはかろうとした時平が、その完成を急がせたのであろうか。

清行も参画

　ところで、このような延喜格式の編纂事業に、清行が加えられたのは何故か。それは、単に式部大輔なり文章博士としての地位や才幹だけでなく、おそらく時平とも善行とも密接であった彼の政治的立場を勘案《かんあん》してのことであろう。残念ながら、清行が格式の編纂に従事した具体的な動静は、何も伝わっていない。しかし、この機会に、必ずや従来の律令・格式・詔勅・官符などを精読し整理して、

意見封事への影響

律令行政の実情を一段と深く広く認識したことであろう。私は、先に清行の備中赴任時代の体験が『意見十二箇条』の成立と密接な関係にあることを強調したが、その意見内容は、寛平年間に諸国へ下された太政官符の趣旨と符合するものが、きわめて多い。しかも、単に内容が符合するだけでなく、従来の律令・格式や詔勅・官符を、直接・間接に引用したり要約している箇条も、決して少なくないのである。いま、その主なもの五例を左に示そう（ただし引用の典拠が必ずしも明確でなく、また要約の場合は清行の記憶ちがいが若干あるので、各各に簡単な傍注をつけておく）。

(1) 第四条……式〔貞観（大学寮）式か〕に云ふ「学生不レ住《ル》二寮家《ニ》一者《ハ》、不レ得二薦挙《スルヲ》一。」てへり。

(2) 第六条……職員令〔養老（職員）令〕を案ずるに、大判事二人、中判事二人（四）、少判事二人（四）、皆人の罪を決断することを掌るなり。（中略）去る寛平四年〔（八）延喜格か（寛平八年九月七日太政官符、類聚三代格にあり）〕詔有り。件の大判事一人、中判事二人、少判事一人を省いて、唯大少判事各々一人を置く。

(3) 第七条……右謹んで式条〔貞観（太政官）式か〕を案ずるに、二月二十二日、八月二十二日、大蔵省に於て官の春夏秋冬の季禄《きろく》を給すべし。

(4) 第八条……本朝格（貞観格か（天長元年八月二十日太政官符類聚三代格にあり））に云はく、国宰、経に反し宜を制し、動《やや》もすれば己が為にせざる者、将《まさ》に寛恕《かんじょ》に従はんとす、文治に拘はること無かれと。

(5) 第十一条……右臣伏して見れば、去る延喜元（二）年の官符（延喜格か（延喜二年三月十三日太政官符、類聚三代格にあり））、已に権貴の山川を規錮し、勢家の田地を侵奪することを禁ぜり。州郡の枳棘《ききょく》を芟《か》り、兆庶の蝥《ぼう》蠈《ぞく》を除く。吏治《りぢ》施し易く、民居安きを得たり。

格式などの活用顕著

以上の五例は、「令」「格」「式」「詔」「官符」などと明記されていて、いずれも典拠の確認しやすいものである。しかも、これ以外に、従来の格や官符などをふまえたとみられる論述は、決して少なくない（詳しくは拙稿「延喜格の編纂と三善清行」『古代文化』二二の九参照）。そのなかには、記憶ちがいが若干みられるとはいえ、清行がこれらの格式関係資料に対して、強い関心と深い見識を持っていたことを知りうる。とくに(1)（大学生の食料）や(2)（明法生の就職）に関して、「式」や「令」を論拠に用いているのは、清

『延喜式』にも関与

行自身、かつて大学頭を勤め、当時も式部大輔として日々心にかけていた問題だからであろう（第七の二参照）。けれども、また格式の編纂に際して、大学寮ないし式部省関係の条項を分担せしめられたであろう体験も、ここに活かされていることは、想像に難くない。

ちなみに、『延喜式』（大学寮式）には「凡そ得業生は補し了《おわ》りて更に学ぶこと七年以上（下略）」との規定がある。これは、撰式事業が再開されて間もない延喜十三年（九一三）五月に出された宣旨（『日本紀略』）を基にした条文であるが、実は清行も、前述のごとく文章得業生になってから丁度七年目に方略試《ほうりやくし》を受けている。そのうえ、この延喜十三年当時は、方略試を課する側の式部権大輔であり、かつ『延喜式』の編纂員でもあった。従って、想像を逞《たくま》しくすれば、この課試期七年以上という規定の原案は、清行が提示したのではないかと思われる。

しかも、清行の問題意識は、単に大学寮や式部省関係のことだけに留まらず、

『意見十二箇条』の史料価値

広く(3)（中下級官人の給与）や(4)（諸国「官長」の自由裁量）に関しても、式や格を援用している。これは、彼自身が官人給与体系の不公平を実感し、また地方行政監察の不当性を痛感していたからであろう（第七の三参照）。けれども、それらの建議の中に、令や格・式などを活用しえたのは、おそらく格式の編纂作業に従事した経験に基づくものと思われる。この点は、『意見十二箇条』の史料価値を考えるさい念頭に置くべきことであろう。たとえば、序論や第三条・第九条・第十一条などで再三問題にしている不課口の数値にしても、前述（第四の三参照）のごとく、貞観九年・寛平六年・昌泰四年などの太政官符と照応する。また延喜二年三月の班田施行令にも、「戸籍の注するところ、大略、或戸は一男十女、或戸は全烟男無し。其の実を推し尋ぬるに、戸田を貪《むさぼ》らんがため、妄《みだ》りに注載するところ。是《ここ》を以って一国の不課、見丁《げんてい》に十倍せり。」とみえ（『類聚三代格』）、事実、現存の「阿波国板野郡田上郷、延喜二年戸籍」（『平安遺文』巻一）には、総数五三四名のうち、すべて不課の女が四六八人も記されているのに男は僅か六六人（男女比率一対七）。しかもその中の男四〇名は六十六歳以上の不課口であって、残る二六人（全体の約五パーセント）のみが課役の負担者として記載されているにすぎない。清行の引く数値も、あながち誇張ばかりとはいえないのである。もちろん、これらの公的資料を論拠に持ち出すことにより、その建議に権威と説得力を持たせようとする意図が含まれていたことは、確かであろう。ことに(5)の場合、別に「延喜元年（実は二年）官符」を引かなくても、直ちに主題（悪僧と宿衛舎人の問題）へ入りうるのに、それをわざわざ冒頭に持ち出し、評語まで付け加えているのは、甚だ意図的といわざるをえない（第七の二参照）。

清行の意図

『延喜格』序は清行の作か

なお、前述のごとく、格は延喜七年（九〇七）に奏進されたが、そのさい「延喜格の序」を書いたのは、清行ではなかろうか。何となれば、まず冒頭から「易に曰く、天象を垂れて聖人これに則る《のっと》（下略）」と書き始めているが、このような筆法は、弘仁・貞観の格序にはみられない。しかし、『周易』に詳しかった清行ならば、書きそうなことである。また文中の「方今、千年の期運《きうん》に膺《あた》り、百王の澆醨《ぎょうり》を承《う》く。」という表現は、『意見十二箇条』の序文にも「方今、陛下千年の期運に鍾《あた》り、万古の興衰を照らす。」「百王の澆醨を改め、万民の塗炭《とたん》を拯《すく》ふ。」といった類似の表現がみられる。さらに延喜七年（九〇七）当時の名文章家といえば、長谷

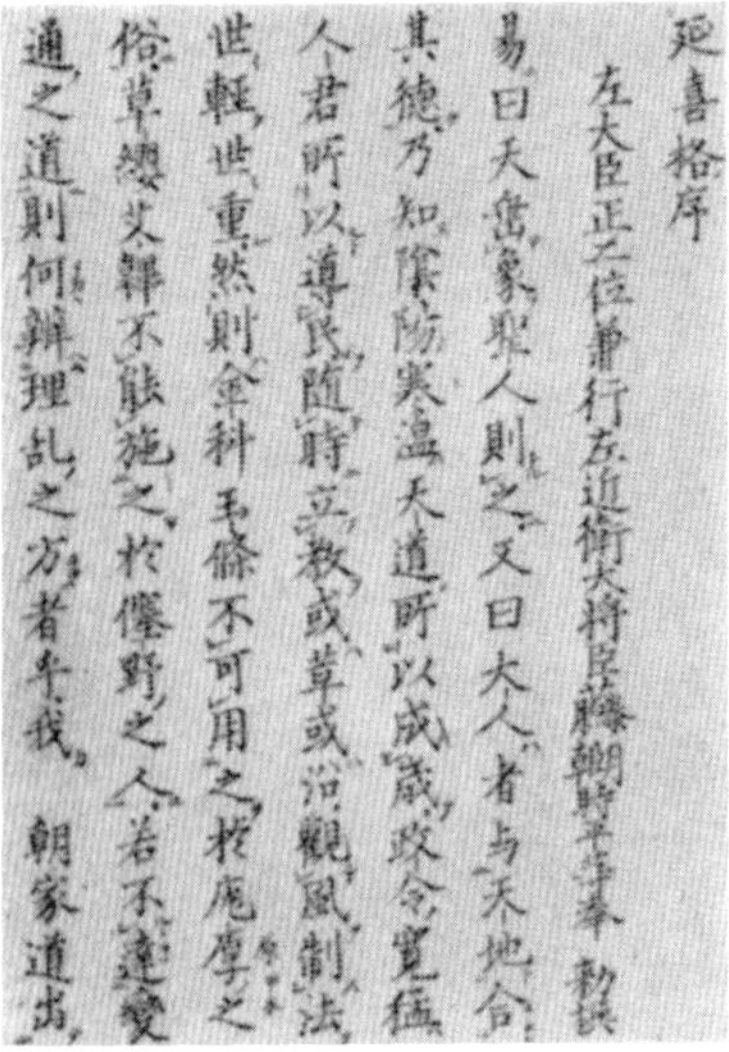
延喜格序
左大臣正二位兼行左近衛大将臣藤原朝臣時平等奉 勅撰
易曰天垂象聖人則之又曰大人者与天地合
其徳乃知隄防寒温天道所以成歳政令寛猛
人君所以導民随時立教或革或沿観風制法
世軽世重然則金科玉条不可用之於庬厚之
俗草纓丈繹不能施之於澆醨之人若不達変
通之道則何辨理乱之方者乎哉 朝家道出

延喜格の序（弘化版本『類聚三代格』）

雄か清行であるが、格序の起草は、参議兼左大弁の長谷雄よりも、式部権大輔兼文章博士の清行に命ぜられた可能性が強い。いずれにせよ、格式の編纂員を勤めることにより、清行は律令政治全般に対する見識を一段と深めたであろう。

三　歌と詩と文の数々

七巻以上の家集あり

清行の作品は、大小あわせて三十数篇ほど現存する。もちろん、これが全てではない。『政事要略』（巻二十八）には、清行の「奉ニ菅右相府一書」を引用した部分に「家集第七巻の中に在り」と注記されているので、少なくとも平安中期までは七巻以上の「家集」（詩文集）が伝存していたものと思われる。また『本朝書籍目録《ほんちょうしょじゃくもくろく》』の「詩家」の部には「善家集《ぜんけしゅう》 一（巻）注 清行」とあり、『日本詩紀』にも「三善清行（中略）家集一巻あり」とみえるが、この『善家集』一巻とは、元来七巻以上あった「家集」のうち、漢詩だけの一巻が鎌倉後期ないし江戸後期まで単独に伝わっていたことを意味するのであろうか。ちなみに、都良香《みやこのよしか》の家集は『三代実録』卒伝に「六巻」と記されているが、醍醐天皇が僧寛建《かんけん》に托して唐に流布《るふ》せしめられた詩集は「都氏一巻」であり（『扶桑略記』所引「御記」）、『本朝書籍目録』の「詩家」の部にも「都氏《とし》文集　一巻」とみえる。しかし、この『善家集』は、今日一巻だに伝存せず、諸書に収載され引用された個々の作品があるにすぎない。ここでは、それを和歌と漢詩と散文とに分けて、順次簡単に紹介しておきたい。

和歌不得意

まず、和歌はあまり得意としなかったようである。延喜五年（九〇五）四月に撰修を開始したという『古今和歌集』にも、その後の勅撰和歌集にも全く入っていない。ただ同六年（九〇六）閏十二月、侍従所《どころ》（内裏東門に近い外記庁の南隣）において行なわれた『日本紀』竟宴《きょうえん》（講書終了後の宴会）のさいには、左の二首を残している（原文万葉仮名）。

(1) ほとけすら　みかどかしこみ　しらたへの　なみかきわけて　きませるものを

(2) とつえあまり　やつえをこゆる　たつのこま　きみすさめねば　おいはてぬべし

『日本紀』竟宴和歌

ともに欽明《きんめい》天皇紀（巻第十九）から題材を採っていることは、いうまでもあるまい。このうち(1)は、文字どおり、仏様すら朝威を畏《かしこ》み、遥か海を越えて来てくれたのだと、仏教の伝来を日本人として主体的にとらえた歌である。仏法より王法を重しとする清行の歴史観を、如実に示すものといえよう。これに対して(2)は、大和国今来《いまき》郡より言上してきた良駒（書紀には「良き駒を見つ。（中略）大内丘の壑をこゆること十あまり八丈なり。」とみゆ）の記事を詠み込んだものである。しかも、この歌には寓意が感ぜられる。つとに契沖《けいちゅう》（江戸前期の国学先駆者）が「此歌は、作者随分才学あれども、さしも用ひられねば、述懐をかねたるか。」（『日本紀竟宴和歌書入』）と指摘しているごとく、清行は我が身を龍《たつ》の駒《こま》になぞらえて、その不遇を訴えたのではなかろうか。清行すでに六十歳、延喜初頭の順調な昇進は峠《とうげ》を越し、当時も依然として従四位下式部権大輔（文章博士兼備中守）に留まっていた。それに対して、この竟宴に同席した大蔵善行門下の平惟範や紀長谷雄は、四年も前から参議に登っており、また十歳も年下の藤原菅根には、式部大輔の地位を先取りされていたのである。清行が官位の渋滞《じゅうたい》を嘆いたとしても、不思議ではない。

『日本紀』講書の召人

ちなみに、この竟宴に先立つ『日本紀』講書は、大学頭藤原春海《はるみ》が講博士《こうはかせ》を勤め、また尚復《しょうふく》（都講のこと、講書の助手）には文章生矢田部《やたべ》公望《きんもち》と明経生葛川《ふじかわ》清鑒が命ぜられた。さらに召人《めしうど》として「特に大舎人頭《おおとねりのかみ》惟良《これよし》宿禰高尚《たかひさ》、文章博士三善朝臣清行、式部大輔藤原朝臣菅根、大内記三統《みむね》宿禰理平《まさひら》、式部少丞大江千古、民部少丞藤原佐高《すけたか》、少内記藤原博文《ひろぶみ》らを召して講座に預らしめ」られたという（『釈日本紀』巻一所収）。このうち講博士に選ばれた藤原春海は、かつて清行の策問を受けた文人であり、少内記の藤原博文も、清行を問頭博士として方略試を受けた新進の文人であった（ただし博文は清行に一たん不第とされたらしく、改判を要求している。延喜五年（九〇五）十一月、『類聚符宣抄』巻九参照）。ともに傍流（真夏流）とはいえ、文人の世界にも北家藤原氏が進出しつつあったことを知りうる。

なお、清行は二度も『日本紀』講書に参加しえた数少ない文人の一人である。しかも単なる受講者でなく、先には都講《とこう》として、今回は召人として講座に預かった。従って、清行が『日本紀』に人一倍精通していたことは疑いない。その学識の広さは、前述の辛酉改元論（『革命勘文』）のなかでも存分に発揮されたが、その理解の深さは、このたびの竟宴和歌に示されており、さらに、その利用の巧みさは、後述の『意見十二箇条』（特に序論）にも窺いうる。

現存の漢詩数首のみ

次に、清行の漢詩は、左の数首しか残っていない。

(1) 貞観十九年（八七七）二月、釈奠聴講の竟宴詩（『扶桑集』巻九所収）
(2) 寛平九年（八九七）晩秋、備中を舟出するさいの即席詩（『扶桑集』巻七所収）
(3) 昌泰二年（八九九）九月、重陽宴での応製詩《おうせいし》（『江談抄』巻四、『和漢朗詠集』巻上所収）
(4) 延喜元年（九〇一）秋、大蔵善行の古稀を賀する祝宴詩（『雑言奉和』所収）
(5) 延喜十一年（九一一）九月、重陽宴での応製詩（『類聚句題抄』『日本詩紀』巻二十三所収）
(6) 延喜十三年（九一三）正月、内宴の御題《ぎょだい》献上および応製詩（『江談抄』巻五所引）
(7) 年次不明のもの…(イ)陶彭沢《とうほうたく》（『扶桑集』巻七所収）・(ロ)残雪伴㆓寒梅㆒（『類聚句題抄』所収）、(ハ)元旦賜宴・酔後対㆓躑躅《つつじ》㆒・納涼・観雲知隠・猿叫峡・王昭君・釣魚翁《ちょうぎょおう》（『新撰朗詠集』下所収）

このうち、(1)〜(4)については、各々すでに触れてきたが、江村北海《えむらほっかい》(江戸後期の漢学者)は特に(4)を評して「発昭(紀長谷雄)・善行(大蔵)も豈その影塵《えいじん》を望むを得んや。」(『日本詩史』)と称《しょう》

重陽宴の詩

揚《よう》している。これは、(5)の応製詩「霽色《せいしょく》(雨あがりの晴れた色調)遠くの空を明らむ」をみてもいえることであって、その格調の高い七言律詩は、同席した紀長谷雄の応製詩と較べて何ら遜色《そんしょく》がない。しかも、その長谷雄は延喜十二年(九一二)二月他界してしまい、清行の右に出る詩人はいなくなった。従って、(6)(翌春正月)の内宴に、醍

内宴の詩題を献ず

醐天皇が「清行を召して題を献ぜしめ」られた(『西宮記』巻二所引「御記」)のも、至当な人選といえよう。このとき、自ら献じた「何処《いずこ》に春の光到らん」という御題のもとに、清行が作った応製詩は、残念ながら、断片しか伝わらない。しかし、「柳眼《りゅうがん》新たに結ぶ絲額出づるを、梅房《ばいぼう》拆《さけ》んと欲す玉瑕《ぎょくか》成れるを。」との表現には、かつて道真も愛好した『元稹集《げんしんしゅう》』(中唐の詩人元稹の詩集)の影響がみられるという(『江談抄』巻五)。次の(7)は、いずれも年次不明であるが、各々平安後期に編纂された『扶桑集』や『類聚句題抄』

一流の詩人

内宴に詩を賦す文人たち（田中親美氏所蔵『年中行事絵巻』第五巻）

『新撰朗詠集』などに収められた秀作である。とくに最後の「酔はずんば争《いか》でか辞せん温樹の下、建春門外、雪は春を埋めたり。」は、いかにも宮廷詩人らしい佳聯といえよう。ともあれ、清行が寛平延喜時代の詩人として一流であったことは疑いない。岡田正之氏のごときは、「其の詩の声調の調ひて字句の工《たくみ》なるは、時流に出づるものあり。菅公に比するも遜色《そんしょく》なきもの〻如し。」（『日本漢文学史』）と賞讃しておられるほどである。

なお、現存の『扶桑集』（巻七巻九）には、「善

善宗は清行に非ず

散文は得意

宗」なる人物の作品として、「病中、尊師に上る」以下三首の七言律詩と「落第の後、吏《り》部藤郎中《ほうとうろうちゅう》に簡す」と題した書が収められており、この善宗を善相公＝清行とみる説がある。また『和漢朗詠集』（巻下破宅）にも、善宗の「暁に向かひて簾頭《れんとう》に白露を生ず、終宵《しゅうしょう》床の底に青天を見る」という詩があり、平安末期にできた覚明《かくみょう》の『私注』も、これを「善宰相清行」の作としている。しかし、実は『扶桑集』にも『和漢朗詠集』にも、清行は「善相公」と明記されているのであって、この善宗は別人としなければならない。ちなみに『三代実録』をみると、天安二年（八五八）に明経得業生《みょうぎょうとくぎょうしょう》として奉試及第し、貞観三年（八六一）に兵部少録《ひょうぶのしょうさかん》として勃海領《ぼっかいりょう》客使《きゃくし》（勃海使節の接待役）になった葛井《ふじい》善宗という人物がいる。右の善宗も、この葛井氏であろうか。

さて、清行が最も得意としたのは散文である。その十数篇にのぼる現存作品を、まず年代順に列挙してみよう。

詩序

(1) 貞観十九年（八七七）二月、釈奠《せきてん》聴講詩序（『扶桑集』巻九。『本朝文集』巻三十一所収）

(2) 元慶三年（八七九）八月、大極殿成命宴《じょうみょうえん》詩序（『本朝文粋』巻九所収）

(3) 年次不明（仁和元年か）、八月十五夜詩序（『本朝文粋』巻八所収）

策問

(4) 仁和二年（八八六）五月、策問「神祠を立つ」（『本朝文粋』巻三所収）

※ 仁和四年（八八八）五月、「阿衡勘文」（『政事要略』巻三十所収）（この原案は藤原佐世の作らしく、清行の文とは云えない。）

書状

(5) 昌泰三年（九〇〇）十月、「菅右相府に奉る書」（『本朝文粋』巻七・『政事要略』巻二十二・『扶桑略記』など所収）

(6) 同年十月（または十一月）、「予《あらかじ》め革命を論ずる議」（『革暦類』『本朝文集』巻三十一所収）

(7) 昌泰四年（九〇一）二月、「左丞相に奉る書」（『本朝文粋』巻七所収）

(8) 同年二日、「改元して天道に応ぜんことを請ふの状」『革命勘文』（『群書類従』巻四六一所収）

※ 同年五月、「改元を請ふ議」（『革暦類』『本朝文集』巻三十一所収）（これは、(8)の末尾請状と殆んど同文で、錯簡とみられる。）

※ 『善清行易説』（これは、無窮会の神習文庫目録にみえるが、所在不明。(8)の別称か）

※ 「延喜元年所ㇾ献意見」（魚住泊の修復を建策したもの。(13)の末尾にみゆ。）

伝記

(9) 年次不明（延喜初年か）、『恒貞親王伝』（『続群書類従』巻一八九所収）

(10) 延喜二年（九〇二）十月、『円珍和尚伝』（『続群書類従』巻二一二所収）

(11) 延喜七年（九〇七）二月、『藤原保則《やすのり》伝』（『続群書類従』巻一九一所収）

※ 同年二月、『浄土寺念仏縁起』（『大日本史料』第一篇の三所収）（末尾の四十五字は⑾の断簡であるが、清行の著とは言いがたい。）

随筆

(12) 延喜十三年（九一三）冬、『詰眼文《きつがんもん》』（『本朝文粋』巻十二・『政事要略』巻九十五・『朝野群載』巻一所収）

意見

(13) 延喜十四年（九一四）四月、『意見十二箇条』（『本朝文粋』巻二・『群書類従』巻四七四所収）

書状

(14) 延喜十五年（九一五）十一月、「左金吾藤納言に奉る書」（『政事要略』巻二十六所収）

(15) 延喜十七年（九一七）十一月一日、朔旦冬至の公卿表（『政事要略』巻二十五所収）

(16) 延喜十七年（九一七）十二月、「深紅の衣服を禁ぜんことを請ふ議」（『政事要略』巻六十七所収）

説話

(17) 年次不明（延喜十七年か十八年）、『善家秘記』（『政事要略』巻七十・巻九十五、『扶桑略記』巻二十・巻二十二などに逸文所収）

※ 『玉造小町子《たまつくりこまちし》壮衰書《しょうすいしょ》』（『続群書類従』巻一三六所収）（これは、『徒然草』一七三段に「清行」の作とも伝うとあるが、信じがたい（第八の二参照）。）

※ 『世《せ》説《せつ》一巻私記《しき》』（これは、『江談抄』巻五に「世説一巻私記は、紀家（長谷雄）・善家（清行）相共に釈せらる。累代難義の書なり。」とあるが、早く亡失したらしく、他に所見がない。）

このうち、(1)〜(8)は各々すでに史料として使ってきたものであり、(12)〜(17)については後ほど触れることにしたい。ここでは、(9)・(10)・(11)の伝記作品を順次みてゆこう。

『恒貞親王伝』

まず(9)の『恒貞親王伝』は、これを清行の作品とすることに、首をかしげる人があるかもしれない。現存の古写本や続群書類従《ぞくぐんしょるいじゅう》所収本には、いずれも同じ欠失部分があり、撰述の年次も作者も記されていないからである。しかも『扶桑略記』巻二十（元慶八年二月四日陽成天皇譲位条）には、本書の一部（後述の内容(ホ)）を引用して「已上の伝文、紀納言の作」と注記しているので、本書を「紀長谷雄の作」に比定する論者が少なくない。ところが、前田家の尊経閣《そんけいかく》文庫には、この『恒貞親王伝』と(10)の『円珍和尚伝』と(11)の『藤原保則伝』とを一冊に綴り合わせた古写本（表題『諸寺縁起集』金沢文庫旧蔵本か）が所蔵されており、これをみて川口久雄氏は、本書を「清行の作」かと想定しておられる。そこで私も、いろいろな角度（国史との比較、内容および表現の特色など）からメスを入れ、本書の作者は正しく清行である、との結論をえた（拙稿「『恒貞親王伝』撰者考」『皇学館論叢』二の一参照）。よって、ここではその結論を前提にして、執筆動機に関する推論を、大胆に述べてみたいと思う。

執筆動機の推定

前述のごとく『三代実録』は、延喜元年（九〇一）八月奏進されたが、当時、文章博士兼大学頭であった清行は、早速それを拝見する機会に恵まれたであろう。ところが、『三代実録』には恒貞親王の晩年に関する記事が意外に少なく、その薨日条（元慶八年九月二十日条）の略伝にも、親王の人柄がほとんど記されていないことに気付き、失望したに違いない。何となれば、清行は少年時代に父氏吉から恒貞親王のことをいろいろ聞かされて、その悲運に同情し、その人柄を尊敬していたと思われるからである。そこで清行は、新たに自分で親王の伝記を書こうと発意し、『三代実録』の薨伝に採り入れられなかった史料や挿話を探し求めて、本書をまとめあげたのではなかろうか。

現存本の要点

この『恒貞親王伝』の現存本は、残念ながら、巻首一葉と途中二葉ほど欠失しているが、その限りでもきわめて注目すべき内容が随所にみられる。主な点をあげれば、(イ)天平以来八十余年廃絶していた釈奠《せきてん》の礼を再興したのは、この親王であること、(ロ)親王は、仁明天皇の従弟《いとこ》でありながら、立太子せしめられたことに不安を感じ、再三辞表を出したが、勅許されなかったこと、(ハ)承和の変により、親王が急に皇太子の位を廃されると、「朝野悲傷し、行路涙を墜した」が、親王自身は、平然としていたこと、(ニ)親王は、史伝・経書・仏典などの奥義を究め、また書芸にすぐれ、さらに皷や琴にも秀でていたこと、(ホ)元慶末年、基経は、陽成天皇を退位せしめるにあたり、親王を擁立しようとしたが、すでに出家の身の親王は、固辞されたこと、などである。いずれも具体性に富んでおり、親王には同情と好感と敬意をこめて書かれている。しかも、それは単なる讃仰《さんぎょう》ではない。

筆者の立場

たとえば、親王が皷や琴を能くしたことについて、まず師の高橋文室麻呂《ふんやまろ》の讃辞を引き、ついで次のようなエピソードを記している。

天長九年、親王、年始めて八才、なほ保育内裏《だいり》に在り。嵯峨太上天皇、其の好音を聴きたまひ、召して琴を弾ぜしめたまふ。(中略後述)天皇(嵯峨)、歎じたまひ、即ち手書して内裏に達して云はく、親王、唯に音を知るのみに非ず、また能く言を知る(文多く載せず)と。淳和天皇、甚だ悦《よろこ》びたまひ、即ち嵯峨の手書を以て史局に賜はり、また兼ねて其の事を注記せしめたまふ。(下略)

非凡な親王

右の中略部分によれば、嵯峨上皇が親王に「荊軻《けいか》易水《えきすい》の曲」(秦の始皇帝の暗殺に失敗した荊軻が易水のほとりで歌った離別の曲)を書写せしめ、その由来を説明された。すると、それを聞き終えた親王は、当時わずか八歳であったが、「此れ正声《せいせい》に非ず、臣何ぞ習ふべけんや。」と答えたという。既述のごとく、恒貞親王は嵯峨皇女正子内親王を母とし、淳和天皇を父としている。従って、親王の非凡さに感嘆された嵯峨上皇が、事の由を自ら〝手書〟し淳和天皇に報告されたとか、それをみて喜ばれた天皇が、その手書を史局

(国史所か)に下して、わざわざ記録せしめられたということは、おそらく確かな話であろう。にも拘わらず、この逸話は『三代実録』に全く載せられていない。しかし実は、このような『三代実録』に洩れた事実を数多く収録しているところにこそ清行の執筆意図があり、また本書の史料価値もあるといえよう。

『円珍和尚伝』

次に⑩の『円珍和尚伝』は、その成立事情が末尾に明記されている。すなわち、円珍は、晩年(仁和〜寛平初)特に藤原佐世《すけよ》と清行を愛遇し、「和尚の遺美を著す可き者は此の両人」だと嘱目《しょくもく》していたという。しかし、寛平三年(八九一)春、佐世は陸奥守に謫遷《たくせん》させられたので、まもなく(寛平三年十月)円珍が入寂すると、その伝記は、清行が撰定せねばならぬことになった。やがて延喜二年(九〇二)秋、僧綱所《そうごうしょ》(全国の僧尼を統轄する役所)より山王院《さんのういん》(比叡山東塔西谷の故円珍の庵室)にあてた「寺家の記録、国史所に進むべし。」との牒が発せられて、この伝記編纂は開始されたのである。まず良勇《りょうゆう》が円珍の平生について記憶を綴り、また鳫与《きんよ》が円珍の遺文について勘合し、さらに数名の遺弟子

和尚の遺志により執筆

達が衆口討論を加えたうえで、その概略を台然《たいねん》が筆記して草稿とした。それを受け取った清行は、「和尚の遺志」に従い、「筆を握りて涙を流すこと、一字一滴、願はくば我、今日の実録を頼りて他生の冥期《めいご》を結ばん。」との感慨をこめて、この伝記を完成させたという。その清書本は、直ちに国史所へ送られた。つまり、本書は、単に先師の事績を顕彰しようとする私的な編纂物ではなく、まさに「公家《こうけ》」の要請に基づいて作られ、国史の史料にもする公的な記録書の性格をもっていたのである。

円珍和尚の図像（大東急紀念文庫所蔵）

伝記の概要

本書の骨子は、(イ)弘仁五年（八一四）に誕生してから、比叡山で修業を積み、嘉祥三年（八五〇）三十七歳で内供奉《ないぐぶ》十禅師（宮中で斎会に奉仕する十人の高僧）となるまでの前半生、(ロ)仁寿三年（八五三）四十歳で入唐《につとう》してから、天安二年（八五八）に帰朝するまでの在唐期間、（ハ）貞観の初め、藤原良房のはからいで朝廷に重んぜられるようになってから、寛平三年（八九一）七十八歳で入寂するまでの後半生、（ニ）円珍の業績・容貌《ようぼう》・性格・学識および本書の成立事情、といった四つの部分に大別できる。しかし、どの部分にも共通してみられる構成上の特色がある。それを表現の面と内容の面からあげてみよう。

表現と内容の特色

まず表現の面では、円珍自身の言葉を会話体や問答体で多く入れているのに対して、文字史料は公的な文書（詔勅や官符など）を随所に引用しているが、円珍自身の日記や著書は余り使用していない。これは筆者清行が、円珍自身の言葉で伝記に真実性を持たせ、公的な文書によって円珍を正当に権威づけようとしたからであろう。また内容の面でも、円珍と皇室および円珍と摂関家との関係を努めて強調しているのに対して、円珍と義真《ぎしん》（円珍の師）および円珍と園城寺（円珍が再興した三井寺）との関係

記述の配慮

については、殊さらに省筆しているように見受けられる。これは、一方で円珍が歴代天皇にも良房・基経にも重く用いられるほど権威のある高僧であったことを示そうとし、他方で義真および園城寺に批判的であった円仁門下に無用の刺激を与えまいとした、周到な配慮のあらわれではなかろうか。何となれば、本書は、前述のごとく、六国史の後を継ぐ〃新国史〃の編纂史料ともなることを想定して作られたものである。従って、当然そこには種々の配慮を必要としたに違いない。しかも、それができるのは、清行をおいて他になかった。おそらく円珍自身も、それを見越して、伝記は清作に作ってほしいと遺言したのであろう（詳しくは、拙稿「『円珍和尚伝』の素材と構成」『仏教史学』一四の三参照）。なお、本書は『明匠略伝《めいしょうりゃくでん》』や『日本高僧伝要文抄』『元亨釈書《げんこうしゃくしょ》』などの円珍伝に多大の影響を与えている。

円珍と清行の交わり

ところで、円珍と清行が親交を持つに至った事情は、必ずしも明らかでない。本書によれば、円珍の母は佐伯《さえき》氏であり、清行の母も佐伯氏の出であったから、そのあたりに何らかの結びつきがあったのであろうか。また本書にみえるごとく、円珍は関白基経のところに再三出入りしていたようであるから、清行も基経の家《けい》司《し》佐世を通じて円珍と交わるようになったのかもしれない。さらに円珍は、在唐中も帰朝後も、唐の名僧たちと詩の贈答を続けるほどの文才を持っていた。加えて「万里の外を洞視《どうし》するは、戸庭の中に在るが如く、将来の事を察知するも、目《もく》睫《しょう》の間に置くが如し。」と言われるほどの鋭い洞察力（「先識機鑒」）を持っていたという。そのような文才と洞察力は、文人であり辛酉革命論者でもあった清行の関心を強く引き、交わりを深める要因ではなかったかと思われる。

『藤原保則伝』

最後に⑾の『藤原保則伝』は、⑽と少し成立事情を異にする。末尾の説明によれば、その執筆動機は、まず内記時代に「元慶注記《がんぎょうちゅうき》」（元慶年間の公式記録）をみて、保則の蝦夷征討ぶりに感嘆し、ついで備中赴任時代に「古老の風謡《ふうよう》」を聞いて、保則の西国における治績に感動し、ついに延喜七年（九〇七）、「粗々《あらあら》知る所を述べ、此の実

執筆の動機

録を成し」たという。また、その執筆目的は、かつて司馬遷《しばせん》（『史記』の撰者）が晏子《あんし》（中国春秋時代斉の宰相）の伝を著わして、心の鞭としたように、清行も保則伝を書いて、「貞を行ひ志を立て」るよすがにしようと発意したものである。しかも、この延喜七年三月は、保則歿後十三年目の祥月命日《しょうつきめいにち》を迎える前月であった。この点より、清行は、もちろん保則を讃仰する気持から筆を執ったにしても、いわゆる十三周忌のために、保則の遺族（四男清貫は当時左少弁）から頼まれて、本書をまとめることになったのではないかとも思われる。ちなみに、当時の貴族は故人追福のために贅沢をきわめた。『意見十二箇条』（第二条）にも、「比年《としごろ》諸々の喪家《そうか》、其の七七の講莚《こうえん》、周忌の法会《ほうえ》、競ひて家産を傾け、盛んに斎供《さいく》を設く。」とみえ、遺族が故人の伝記を文人に依頼するようなことも、あったのではなかろうか。

欠失部分

この保則伝は、『恒貞親王伝』と同じく、残念ながら完本が現存しない。写本にも刊本にも、巻頭と巻中に欠文がある。すなわち巻頭の欠失部分は、おそらく

現存部分

天長二年（八二五）に誕生してから、四十歳代初頭に式部少丞を勤めるまでの前半生、巻中の欠失部分は、寛平三年（八九一）四月、宇多天皇に召されて左大弁となってから、参議民部卿をへて四年後に七十一歳の生涯を閉じるまでの晩年にあたる。しかし、(イ)（前半生の欠失部分のあと）貞観八年（八六六）四十二歳で備中権介に転出し、ついで備前介・備前権守となって、前後十年間在国した第一次受領時代、(ロ)貞観十七年（八七五）秋に帰京、民部大輔から右中弁となり、元慶二年（八七八）に蝦夷で反乱が起こると、出羽権守を兼帯して戦地に下向せしめられ、二年後に帰京するまでの蝦夷平定時代、(ハ)六十歳近くなった元慶六年（八八二）讃岐守に転出し、さらに仁和三年（八八七）大宰大弐に赴任せしめられた第二次受領時代、(ニ)（ついで京官に復帰した晩年の欠失部分のあと）保則の人柄と撰述の事情を記した結び、以上四つの部分は、幸いに残っている。

このうち、(イ)は主に「古老の風謡」に依り、また(ロ)は主に「元慶注記」を基にしたものである。(ハ)と(ニ)の素材は、清行が晩年の保則から直接聴取したことか、それとも保則の四男清貫《きよつら》あたりから伝え聞いたものか、明らかでない。けれども、

表現と内容の特色

(イ)～(ニ)には共通した特色がある。とくに興味ぶかいのは、保則の気持を独白体《どくはく》（ひとりごと）と問答形式で表現している点である。たとえば、(イ)では、備中・備前の任を終えて帰京の途につくと、両国の士民が別れを惜しんで路を遮《さえぎ》るので、「公おもへらく、老人の心違失すべからず。」とて、数日逗留したけれども、まもなく窃かに船で脱け出した。ところが、備前の郡司たちは、さらに途中まで見送りに来て白米二百石を贈ってくれたので、「公謝して云はく、（中略）篤志深密、何ぞ嘉納《かのう》せざらん。」とて、一たん受領した。しかし実は、それも講読師・国分寺僧らに布施として与えてしまい、夜中に都へ向けて出帆したという。

保則の道真評

また(ニ)では、有名なエピソードであるが、保則が人の心を見ぬく力を持っていた一例として、「讃岐に在りし時、菅原朝臣（道真）、公（保則）に代はりて守《かみ》となる。公

竊《ひそ》かに語りて云はく、新大守《たいしゅ》（讃岐守道真）当今の碩儒《せきじゅ》、吾の測り知る所に非ず。但し其の内志を見るに、誠に是れ危殆《きたい》の士なりと。後皆其の語の如し。」と記している。このように保則の気持を保則自身の言葉で表現する手法は、伝記をきわめて実感的なものにしているといえよう。

中国史書の類話

ただし、本書の内容が全て事実そのものであるか否かは検討を要する。すでに大曾根章介氏は、「中国の史書に記された循吏《じゅんり》の姿が作者の脳裡にあり、それがこの伝記の潤色《じゅんしょく》に大きな役割を果たしていると見てよい。」（『言語と文芸』第六十六号所載「漢文学における伝記と巷説」）と指摘しておられる。たとえば(イ)の、保則が任国を去るときに士民が別れを惜しんだという逸話でも、『後漢書《ごかんじょ》』（列伝巻六十六）の孟嘗《もうしょう》伝に、「徴せられて還るに当たり、吏民車に攀《よ》ぢて請ふ、嘗、既に進み得ず。乃ち郷民の船に載りて夜遁《のが》れ去る。」とあり、劉寵《りゅうちょう》伝にも、徳政に感謝して遠路見送りにきた老父から贈物をされたという類似の話がみえる。また(ニ)の、保則が道真を評した言葉も、むしろ古来

「清行自身の感想とみるべき公算が大きい。」（坂本太郎氏『菅原道真』）といわれている。さらに、治績の描写も、(イ)「施すに仁政を以てし、其の小過を宥《ゆる》す。」(ロ)「施すに朝典を以てし、百姓を教示す。」(ハ)「施すに恩賑《おんしん》を以てし、（中略）各々生業を存せしむ。」「天性廉潔《れんけつ》、身を以って物を化す。」などと、きわめて類型的である。つまり保則は、確かに「良吏」と仰がれる立派な人物ではあったろうが、それを清行は、ことさら儒教的徳治主義を実践する律令官人の理想像として描くことに努めている。従って、多少事実を離れた記述もあることは、否定しがたい。

本書独自の挿話

けれども、このような潤色は漢文に往々みられることである。むしろ本書の価値は、正史に記録されない挿話によって当時の真相を伝えようとしている点にあろう。たとえば(ロ)は、大部分『元慶注記』に依っているはずであるが、保則が出羽権守に起用された事情や無事帰京したときの様子は、『三代実録』に全然記録されていない。これは恐らく清行自身の見聞に基づく記述ではないかと思われる。

出羽権守に起用の事情

まず保則起用の事情については、出羽で蝦夷が反乱し、現地の官軍が敗退したという急報を聞いた摂政基経は、「大いに驚き、公（保則）と事を謀り」、右中弁保則を蝦夷征討に赴かせようとして、徐《おもむ》ろに「天智天皇の時より藤原氏代々勲績を立つ。（中略）願はくば智謀を尽くし、餝譲《しょくじょう》を為す勿れ。」と説得に努めたという。そのさい保則は、基経に「愚計」を呈し、「秋田城司良岑近《よしみねのちかし》は、聚斂《しゅうれん》厭ふ無く徴求万端《ちょうきゅうばんたん》。故に（蝦夷は）怨みを畳《かさ》ね怒りを積み叛逆を致す。（中略）若し教ふるに義方《ぎほう》を以てし、示すに威信を以てし、我が徳音《とくおん》を播《ま》き、彼の野心を変ずれば、夫兵を用ひずして大寇《たいこう》自ら平らぐ。」との和平策で臨むことを承諾せしめている。このような基経と保則の交渉は、本書以外には記されていないが、ほぼ事実とみてよいであろう。

一方、その翌々年（元慶四年、八〇）、保則が蝦夷を鎮撫《ちんぶ》し帰京したときの描写も具体的である。すなわち、在朝の卿相《けいしょう》たちは、口を揃えて保則の勲功を褒め讃えた

凱旋しても
恩賞なし

藤原保則のサイン
（東南院文書１の１）

が、保則は「此れ皆、朝威の致す所、愚略（自分の軍略）の施《ほどこし》あるに非ざるなり。」と謙遜した。それを聞いて人々は一層感心し、「天下皆おもへらく、公は一卒（兵士）も労せず大寇《たいこう》を平定せり。朝廷必ずまさに高爵を疏《わか》ち、其の殊勲に答へらるべし。」と見守っていた。ところが、朝議では、功労者保則を何ら優遇せず、また逆に貪穢《どんわい》卑劣な秋田城司良岑近を懲誡《ちょうかい》することもなかったので、「是れに由《よ》りて衆議多く昭宣公（経基）賞罰の権を失ふを譏《そし》る」に至ったという。この逸話も、本書にしか見られず、正史を補うに足る貴重なエピソードといえよう（拙稿「『藤原保則伝』の基礎的考察」『藤林』二一の三参照）。

漢文学史上の評価

以上、清行が書いた散文のうち、伝記作品のみを概略紹介した。各々の漢文学史上の評価は斯の道の専門家にお任せしよう。たとえば川口久雄氏は、まず(9)の『恒貞親王伝』について「叙述は精《くわ》しく明晰《めいせき》で蒼古《そうこ》のひびきがある。」とされ、また(10)の『円珍和尚伝』に関しても「文体はすでに四六文ではなく、また和習もなく、簡明達意の実録」であるとし、さらに(11)の『藤原保則伝』に至っては、「王朝前期漢文学が形象した文学のうち、もっともすぐれたものの一つであり、『将門記《しょうもんき》』の系列につらなって一つの新しい文学のジャンルをうみだそうとする注意すべき作品」と評価しておられる(『平安朝日本漢文学史の研究』第九章)。しかも清行は、これら伝記文学だけでなく、後述する『詰眼文』のような随筆も、また『善家秘記』のような説話も手がけており、さらには『意見十二箇条』のような時務経世策を最も得意とした。総じて清行は、和歌よりも漢詩、漢詩よりも散文にすぐれ、こと散文に関しては、道真や長谷雄よりも幅の広い、多才な文章家であったといえよう。

第七　意見封事の上奏

一　徴召の背景

いわゆる延喜時代（昌泰・延喜・延長の三十三年間）も、当初三年半は、道真と時平の確執《かくしつ》に明け暮れ、また道真失脚後の八年半は、左大臣時平が人事権・行政権を一手に掌握していた。この間に清行が、辛酉革命論を駆使して道真追放に主要な役割を演じ、延喜初頭に三儒職を兼任して文人官吏の地歩を築きあげたことは、前述の通りだ。それが可能になったのは、清行が常に時平側に立って行動したからであろう。

時平重病に陥る

ところが、その時平は、延喜九年（九〇九）に入り、重病に陥った。諸書に「病痾《びょうあ》」「沈痾《ちんあ》」とあるが、病名は判らない。前年から京の内外で疫疾が流行しているが、

天神縁起の伝説

その疫病にかかったのであろうか。ともあれ、時平の一族同門は、あらゆる手を尽くして病気平癒に努めたに違いない。それは投薬だけでなく、むしろ頼みとするのは、僧侶の加持祈禱であった。しかも、その加持祈禱を勤めた最後の僧侶は、清行の八男浄蔵《じょうぞう》であったという。この点に関しては、平安後期に編纂された『拾遺往生伝』(巻中、浄蔵伝)や『扶桑略記』(時平の薨日条)などに、まことしやかな往生説話がみえる。さらに、それを敷衍《ふえん》した物語が、鎌倉初期の詞書《ことばがき》をもつ『荏柄天神縁起《えがらてんじんえんぎ》』や『北野天神縁起』にも組み込まれている。その縁起の一節を引用してみよう(口絵参照)。

(イ) 本院のおとゞ(大臣)(平時)なやみ給ふに、さま〴〵の御祈もしるし(効験)なくおぼえて、菅丞相《かんじょうしょう》(道真)の霊気とは心のうちにさとりにしを、法験ばかりぞたすけ給ふとて、清涼房の玄照《げんしょう》法師の弟子、善相公の胤子《いんし》浄蔵貴所《きしょ》こそ、年いまだはた(二十歳)ちにはたらねども、験徳たうとく、種々の才芸ならびなしとて、四月四日請じよせ給ひて、いのらせ給ひけり。

清行、時平を見舞う

(ロ) 其日（四月四日）午刻《うまのこく》（午正）ばかりに、善相公（清行）とぶらひ（訪）にまいり（参）給たりければ、おとゞ（時平）の左右の耳より、青きくちなは（朽縄）（ヘビ、道真の化身）頭さしいだして、善相公につげていひけるやう、「（中略）汝《なんじ》が子の浄蔵、我を降伏せんとす、せい（制）せられよ。」と、くちなは舌をひろくとす。

(ハ) 善相公、をそれをのゝき畏《かしこ》みて、浄蔵につきて、やがて出《いで》にけり。其時、本院の大臣は、頓《やが》て薨じ給ひぬ。（下略）

これによれば、時平を苦しめ続けたのは道真の「霊気」であり、その化身が清行をして浄蔵の祈禱を制止させたので、時平は落命したという。要するに、道真の怨霊《おんりょう》と時平の死因を結びつけた伝説にすぎないが、浄蔵が時平の祈禱に招かれ、清行が時平の見舞いに行ったことは、おそらく一再ならずあったと思われる。しかし、その祈禱も効験なく、時平は四月四日、三十九年の生涯を閉じた。

時平薨後の中央政界

さて、左大臣時平の病死は、彼の配下にあった清行たちに、非常なショックを

忠平の昇進

与えたであろう。延喜の政界も、これを境に大きく転換をとげてゆく。当時の公卿構成をみると、老齢（六十五歳）の右大臣源光ほか一〇名にすぎず、時平にかわって廟堂を支配しうる人物はいなかった。それに対して醍醐天皇は、時に二十五歳、実質的な親政を行なうには、絶好の機会を迎えられたといえよう。その具体的なあらわれは、時平の死により空席となった左大臣のポストが、以後十四年間も補充されず、人材本位の慎重な方針がとられている。その間にあって、忠平の昇進は異例といってよい。彼は、はやくも時平の死後五日目に、兄の仲平を越えて参議から権中納言に引き上げられ、まもなく蔵人所別当を兼任。ついで、翌々年（九一一）正月には大納言にまですすめられた。これ以降の符宣上卿（公卿政治の実際的な最高責任者）は、右大臣源光よりも大納言忠平の方が倍以上おおく勤めている。翌十二年（九一二）暮、あらためて『延喜式』編纂促進の勅命を受けたのも、光ではなく忠平であった。

上皇と天皇と忠平の仲

醍醐天皇肖像（醍醐寺所蔵）

宇多上皇肖像（仁和寺所蔵）

このように、忠平が急速に進出しえたのは何故か。それは、摂関家流の威光もあろうが、むしろ人材本位の政治方針をとられた醍醐天皇が、忠平の人柄と手腕を見込まれたからであろう。しかも、この醍醐天皇の忠平抜擢は、宇多上皇のバックアップによるものであろうことを、見逃してはならない。上皇は、早くより忠平に目をかけられ、譲位後は彼を醍醐天皇に近侍せしめておられる。なお、上皇と天皇の関係も、きわめて密接で、終生お互いに深い心遣いを忘れられなかった。その意味で、醍醐天皇の親政は、宇多上皇の支援と藤原忠平の補佐とが、三者一体になって展開された、ということができるであろう（拙稿「〃延喜の治〃の推進力」『高原先生喜寿記念皇学論集』所収）。そして実は、延喜の意見封事徴召《ちようしよう》も、この三者の協力によって実現したのである。

宇多上皇の示唆

何となれば、宇多天皇は、即位直後（仁和四年初頭）に側近から意見封事を徴召されたことがあり、これに応じて左大弁橘広相は「意見十四条」、蔵人頭藤原高経が「意見五条」、中務大輔十世王は「意見六箇条」、弾正大弼平惟範が「封事五箇条」をおのおの上奏したという（『日本紀略』）。ところが、この動きは、基経を極度に刺激し、いわゆる阿衡の紛議を惹起《じやつき》した。つまり、宇多天皇は意見封事の徴召によって、親政への意欲を示されたが、それは権門の重圧に脆《もろ》くも押し潰されてしまったのである。しかし、基経の薨後は、道真を抜擢して再び親政に努められ、譲位後も醍醐天皇を陰ながら支援してこられた。従って、時平の薨後、宇多上皇が醍醐天皇に意見封事の徴召を示唆《しさ》された（または天皇が上皇の先例に倣って徴召を発意された）であろうことは、想像に難くない。しかも、当時の藤氏長者忠平は、その意向を推進こそせよ、阻止する人物ではなかったのである。

封事徴召時の内外情勢

かくて、このたびの意見封事は、延喜十四年（九一四）二月、徴召の詔が下された（『貞信公記』）。左大臣時平の歿後五年目、右大臣源光の事故死した翌春である。醍醐天皇（三十歳）としては、大納言忠平（三十五歳）以下の現任公卿を領導されるに、最も有利な時期であったといえよう。もちろん、延喜十四年（九一四）に意見封事が徴召されたのは、単に中央政界が安定していたからだけではない。むしろ、延喜八―九年には疫病が流行し、十年代に入ると不順な天候が多く、田畑は不作が続いたので、十四年正月の元旦朝賀や内宴行事は中止されている（『日本紀略』など）。しかも、さらに重大なことは、封事徴召の詔に、「百世の澆醨《ぎょうり》（歴世の弊風）を改め、万民の塗炭《とたん》（庶民の困苦）を拯《すく》はしむ」（『意見十二箇条』序論）とあるごとく、律令財政の破綻《はたん》は、ますます深刻になりつつあった。とくに最も差し迫った問題は、この延喜十四年が延喜二年より十二年目の班年(班田収授を行なう年)に当たっていたにも拘わらず、現実にはほとんど実施不可能の状態にあったということである。しかし政府としては、何ら為す術《すべ》なく、せめても意見封事を徴召して、問題解決に役立てようとしたのであろうか。

ところで、この意見封事が徴召されたとき、清行はすでに六十八歳。心はシッカリしていても、体は思うに任せぬ状態であった。数カ月前(延喜十三年冬)に作った『詰眼文』にも、老いの身を映して「心いまだ耄乱《もうらん》せざるも、眼すでに昏朦《こんもう》。文、属する所ありと雖も、筆、書する能はず。(中略)手は振ひて持つこと能はず、足は痿《な》えて歩むこと能はず、耳は聾《し》いて聴くこと能はず、歯は蠹《むしば》みて食ふこと能はず。」と記している。かなり誇張も感ぜられるが、老衰しつつあったことは確かであろう。

ちなみに、この『詰眼文』は、心と眼を擬人的に対話させながら、自伝を回想した軽妙な随筆である。清行は、このなかで「孤《こ》(自分)の業とする所は文なり。(中略)文に非ずんば何ぞ達せん。」と自負しながらも、世渡りの下手な学者文人は、貧乏ぐらしに甘んじなければならなかったことを自嘲《じちょう》して、次のように述べている。

世渡りの下手な学者

　進んでは卿相の館に赴き、其の才名を衒《てら》ふ能はず。退きては奥寵《おうちょう》の人に媚《こ》びて、其の推薦を求むること能はず。徒《いたずら》に白屋の中に居て素王《そおう》(孔子)の余業を守り、箪瓢《たんぴょう》の食《し》を以つて糟粕《そうはく》の遺文を翫《もてあそ》ぶ。(中略)楊子雲の玄草、遂に客の嘲《あざけり》を招き、杜《と》伯山《はくざん》の古文、時務に合はず。(下略)

　もちろん、この自嘲を文字どおり受け取ることはできない。むしろ清行が、進んで道真や朝廷に辛酉革命の論をたてまつり、また時平に媚びて道真を「悪逆の主」と断言したことは、前述の通りである。ただし、道真追放に協力して一挙に文人的地位を確立したものの、その官位昇進には限度があった。すなわち、延喜五年(九〇五)式部少輔より権大輔になったが、大輔のポストには、藤原氏の菅根・

当時の心境

興範・清貫らが次々に入り、清行は十年ちかく権大輔の地位に足ぶみせねばならなかった。良吏の典型を示す『藤原保則伝』を著わし、延喜格式の編纂に力を尽くしても、その功績は、何ら具体的に報いられなかったのである。右の文中（後半）にも、楊子雲（杜雄、漢代の官吏）と杜伯山（杜林、後漢の学者）の故事を引き、清行が文章を書けば却って世人の嘲を受け、その文才も時務に役立てられないと述べている。これは、おそらく彼のような文人官吏を重んじない当時の政治社会に対する不満と批判のあらわれであろう。しかも、十年ちかい官位の渋滞は、そうした社会矛盾の根元を冷静にみすえる機会を清行に与えたにちがいない。それは、やがて内外の諸問題に対する忌憚《きたん》のない意見となってまとめられてゆくのである。

二　『意見十二箇条』

前述のごとく、醍醐天皇は、延喜十四年（九一四）二月、「封事を奉るべき詔書」を下された。その詔書は現存しないが、『意見十二箇条』の冒頭に「伏して去る二月十五日の詔を読むに、遍《あまね》く公卿大夫《たいふ》、方伯牧宰《ぼくさい》（国司）をして、讜議《とうぎ》（正論）を進め謨《ぼ》謀《ぼう》（妙案）を尽くさしめたまふ。」とあり、公卿のみならず、五位以上の京官および地方の国司をも対象にして、おのおのの意見を徴召されたようである。

広く封事を徴召さる

さて、これらの人々は、全員各自の意見を封進する建て前になっていた（『新儀式』封事事）が、現存するものは、清行の『意見十二箇条』のみである。その上奏は、徴召より二カ月半後の四月二十九日。清行は、その一週間前、式部大輔に転ぜしめられたが、当時すでに目も手足も不自由な老体であった。しかし、三十年来の官吏生活を積み重ね、十年ちかい官位の渋滞を耐え忍んできた彼は、老体に鞭《むち》うって、日ごろ改革の必要を痛感していた政治上の問題点を、この機会に情熱こめて纏《まと》めあげたのであろう。

清行の意見の題名

清行の意見封事は、全文約八千八百字、周知のごとく、序論と十二箇条の建議から成っている。このうち、本論にあたる十二箇条の建議は、もちろん重要であるが、序論も本論の総説として看過しがたい。『本朝書籍目録』（政要）に「十三箇条意見　一巻」とあるのは、おそらく序論も一条とみなした題名であろう（「意見十二箇条」とは『本朝文粋』の命名であって、『政事要略』には「封事十二条」とあり、『扶桑略記』には単に「善相公意見之文」とあるにすぎず、元来は特定の名称がなかったようである）。

序論は、国家財政の衰弊ぶりを概観した前半部分と、備中国邇磨郷における課丁の減少ぶりを指摘した後半部分にわけうるが、後半に関しては、すでに詳しく述べた（第五の三）ので、ここには前半の論旨を要約してみよう。

(イ)　「旧記」を案ずるに、日本は大昔より自然に恵まれ、土地が肥え、人民は富み、風俗が穏やかで、税の負担も軽かった。しかし、次第に風化薄らぎ、法令繁くなり、課役の負担は年々重くされ、人民の生活は日々苦しくなった。その衰退ぶりを概観すれば、左の通りである。

(ロ)　まず仏教が伝来してから、造寺造仏のために、貴族も庶民も家産を傾けるようになった。とくに天平時代、全国で国分二寺を建立するために、各国の正税《しょうぜい》を用いたので、「是に於て天下の費、十分して五」にもなった。

(ハ) また桓武天皇朝には、長岡に遷都して宮城を営み、まもなく平安京に移って再び宮殿楼閣を造った。しかも、大小の官庁・公邸まで土木の巧を究め、全て官庫の調庸を用いたので、「(残りの)天下の費、五分して三」も使った。

(ニ) ついで仁明天皇は、大層贅沢を好まれたがために、官庫の物乏しくなり、「(残りの)天下の費、二分して一」となった。

(ホ) さらに貞観年中、応天門および大極殿が焼亡した。そこで再建修復に巨費を使い、「而して天下の費、また(残りの)一分の半を失ふ。」に至った。

国費の衰損 住世の十分の一

(ヘ) かくて当今の国費は、「往世の十分の一」にも及ばなくなった。

※(イ) 1　(ロ) $1-\frac{5}{10}=\frac{5}{10}$　(ハ) $\frac{5}{10}\times\left(1-\frac{3}{5}\right)=\frac{2}{10}$　(ニ) $\frac{2}{10}\times\left(1-\frac{1}{2}\right)=\frac{1}{10}$　(ホ) $\frac{1}{10}\left(1-\frac{0.5}{1}\right)=\frac{1}{20}$

(ヘ) $\frac{1}{20}$

まことに論旨明快であり、その着眼は鋭い。もちろん、国費衰損を示す概数は極端にすぎるが、このように歴史の推移や事象の変化を数値で大胆に論断する手法は、序論の後半（邇磨の戸口激減）や本論の第九条（諸国勘籍《かんせき》人の激増）とか第十一条（諸国私度《しど》僧の激増）などにも、有効に使われている。ここでも、律令財政の疲弊がきわめて深刻な状態にあることを強調する効果は、充分に果たされているといえよう。

十二箇条の事書

さて、十二箇条に亘る本論の事書《ことがき》は、左の通りである。

第一条　応《まさ》に水旱《すいかん》を消し、豊穣《ほうじょう》を求むべき事。

第二条　請ふらくは、奢侈《しゃし》を禁ずべき事。

第三条　請ふらくは、諸国に勅して、見口数《げんこうすう》に随ひ、口分田《くぶんでん》を授くべき事。

第四条　請ふらくは、大学生徒の食料《じきりょう》を加給すべき事。

第五条　請ふらくは、五節《ごせち》の妓員《ぎいん》を減ずべき事。

第六条　請ふらくは、旧に依り判事《はんじ》員を増置すべき事。

第七条　請ふらくは、平均して百官の季禄《きろく》を充給すべき事。
第八条　請ふらくは、諸国の少吏ならびに百姓の告言訴訟に依りて、朝使を差し遣はすことを停止すべき事。
第九条　請ふらくは、諸国勘籍《かんせき》人の定数を置くべき事。
第十条　請ふらくは、贖労《しょくろう》人を以って、諸国検非違使《けびいし》および弩師《どし》に補任することを停むべき事。
第十一条　請ふらくは、諸国僧徒の濫悪《らんあく》および宿衛舎人《すくえいとねり》の凶暴を禁ずべき事。
第十二条　重ねて請ふらくは、播磨の国の魚住《うおずみ》の泊《とまり》を修復すべき事。

内容による三大別

右の条数および配列順序には、おそらく独得の工夫がこらされているのであろうが、その意図は明らかにしがたい。そこで、これを内容的に大別すれば、㈠国司の行政上の障害除去を主張したもの（第一条・第三条・第八条・第九条・第十条・第十一条・第十二条の七箇条）、㈡大学生や中下級官人の待遇および定員の是正を要望したもの（第四条・第六条・第七条の三箇条）、㈢衣服や儀礼の華美抑制を強調したもの（第二条・第五条の二箇条）、といった分類ができるであろう。

このうち、過半を占める㈠については、すでに概要を紹介した（第五の三）。その七箇条は、いずれも地方行政上の問題を提起し、おのおのに国衙「官長」の立場から具体策を提示している。清行の意見が、このような傾向性を帯びるに至ったのは、繰り返すまでもなく、二十年前に彼自ら「官長」の苦労をした体験があるからであろう。そのうえ清行は、備中より帰京してからも、地方行政、とりわけ国衙「官長」の動向には強い関心を持っていたらしく、㈠のなかにも、延喜初頭の見聞を具体的に挙げている。たとえば、第八条によれば、阿波守橘秘樹《なみき》は、「勤王の誠、当時第一」と称せられた「俊良」であったが、はからずも「小吏の誣告《ぶこく》に依りて朝使の廉問《れんもん》に降る」ことになった。ところが、取り調べの結果、「事皆虚訴にして、告人逃亡」したにも拘わらず、廉問を受けたということだけで権威失

延喜初頭の見聞を盛る

墜し、「廃人」同様になってしまった。そこで清行は、「此《かく》の如くんば、恥を知るの士、誰か吏と為ることを冀《こいねが》はんや。」と述べ、これを朝使の派遣禁止を主張する有力な論拠としている。また、第十一条には、安芸守藤原時善の館《やかた》を攻め囲み、紀伊守橘公廉《きみかど》を劫略《こうりやく》したのは「皆是れ濫悪《らんあく》の僧」であったという事実をあげて、その厳重な取り締まりを要求している。当時の人々には記憶に新しいこれらの具体例が、意見全体の説得力を増す重要な働きをしたであろうことは、想像にかたくない。

儒職歴任の体験も投影

しかも清行は、帰京後、三儒職を歴任し、当時も式部大輔の地位にある文人官吏であった。その間に、大学寮の統轄や式部省の実務に従事し、また延喜格式の編纂などにも参画したことは、前述のとおりである。しかし現実には、勉学しようにも生活の保証がなく、苦学しても就職の見込み少なく、任官できても給料の支払いが遅い。このような文人（中下級官人）層の悲哀を、身にしみて味わい、周囲にながめてきた清行は、それらの問題点を『意見十二箇条』のなかでも取りあげ、とくに第四条・第六条・第七条（前述の分類(三)）において、律令や格式を活用しながら明確に指摘している。

第四条

大学寮の衰勢打開策

まず第四条によれば、平安初頭には大学寮用の財源として、二百町余の「勧学《かんがく》田《でん》」などが設けられたが、承和以降いろいろの事情で激減した（次頁参照）。それにも拘わらず、学問で身を立てんとする数百の学生は、飢寒に耐え忍んでいるが、その大半は成業の見込みなく、年老いて帰るところもない。これをみて、後進の学徒は大学に失望し、父母たちも子弟を学寮に住ましめないため、大学は荒廃状態にある。しかも、当今の博士たちは、才能の上下、努力の有無を調べもせずに学生を推薦するため、しばしば不正が絶えない。そこで清行は、この衰勢を打開するためには、学生の食料を確保するほかないとして、再び伴善男の没官田を大学寮の勧学田とし、諸国から総計二万八千余束の田租《でんそ》を出さしめるよう提案し、また、

大学寮用財源（意見第四条・『類聚国史』および『延喜式』による）の変遷

種別	平安初頭	承和以降	清行の新提案	延喜式
勧学田	越前国加賀郡水田（罪人・伴家持の没官田）一〇二町	↓0（伴善男に返給）	再び大学寮の勧学田とせよ	
	山城国久世郡公田 三〇余町	↓1/4↓七町	（七町）	＝ 七町
	河内国茨田郡の田 五〇町	↓0（消滅）		越中国礪波郡墾田 一八町余
	河内国渋川郡の田 五町			播磨国印南郡墾田 一七町余
寮中の雑用料	常陸国の稲 九四〇〇〇束	↓0（無実）	諸国の田租三万束弱を充給せよ	
学生の口味料	丹後国の稲 八〇〇〇束			
学生の飯料米	大炊寮より毎日一石五斗	↓2/5＝六斗	（六斗）	＝ 六斗

その裏付けができたならば、「式」（貞観式）の規定どおりに、学生は寮家に住ましめてほしいと主張している。以上のごとく、みずから大学寮で苦学し、また文章博士兼大学頭として後進の面倒をみてきた清行だけあって、勧学田その他の数値

も、学生や博士らに対する批判にしても、甚だ具体性に富んでいる。とくに平安初期の大学寮財政を知るには、貴重な史料といえよう（桃裕行氏『上代学制の研究』、久木幸男氏『大学寮と古代儒教』参照）。

第六条

次に第六条は、刑部省《ぎょうぶ》の判事《はんじ》の定員増加を要求したもので、式部大輔清行の意見としてはちょっと意外である。しかし、清行が言いたいのは、その判事には全員（六人）大学寮の明法道出身者を採用せよという点であった（この点は第十条にも、明法生を諸国検非違使に選任せよとある）。

判事に明法出身者採用

もちろん、その背景には「聖王の政は刑法を大なりと為す。」という儒教的政治観があり、具体的には、先ごろ安芸守高橋良成が、大判事惟宗《これむね》善経の独断で、誤って遠流《おんる》に処せられた事例も、判事の資質に対する清行の関心を強く引きつけたのであろう。

第七条

さらに第七条では、季禄《きろく》について、その支給状態の不公平さを批判している。平安初期の中央官人に対する給与は、三位以上の上級官人のみに支給される食封《じきふ》（職封・位封）や職田・位田（これは五位迄）などのほかに、四位以下の中下級官人には、禄物（位禄・季禄・

節禄など、大蔵省より支給）と食料（月料・要劇料・番上料など、民部省や宮内省より支給）があった。このうち季禄というのは、半年に百二十日以上出勤した官人に対して、その人が就いている官職の相当位に応じて半年ごとに支給されるべき手当であった（竹内理三氏『律令制と貴族政権』参照）。ところが、当時の政府は、「公卿および出納の諸司（大蔵省・民部省および中務省監物・宮内省大炊寮など）」には従来どおり毎年禄物を支給しながら、それ以外の中下級官人には、財政窮乏を理由にして、「五―六年の内に一季の料をも給し難」い状態であったという。そこで清行は、官位の上下や仕事の閑忙によって禄物に差違があるのは当然としても、全員に頒賜《はんし》されるという点に差別があってはならない。どうか「式」（貞観式か）に従って「季禄を給すべくんば、まづ物の多少を計り、公卿・百官、一同に遍《あまね》く給す」べきだと主張している。

季禄支給の不公平是正

清行の場合、位は従四位下、官は式部大輔（正五位相当官）であったから季禄以外にも、位禄や節禄などを支給される建て前になっていた。しかし、いずれも調庸物であるから、季禄と同じく現物支給は渋滞しがちであったようである（延喜十一年二月の官符に、「位禄・王禄、年をわたり

官人禄物給与額（『延喜式』による。各々年間合計）

	禄物＼位階	絁（疋）	綿（屯）	布（端）	庸布（常）	鍬（口）
		Ⓐ 位禄　Ⓑ 季禄　Ⓒ 節禄				
上級官人（貴族）	正1位	Ⓑ 60 Ⓒ120 } 180	60 1320 } 1380	200		280
上級官人（貴族）	従1位	Ⓑ 60 Ⓒ120 } 180	60 1320 } 1380	200		280
上級官人（貴族）	正2位	Ⓑ 40 Ⓒ140 } 140	40 1000 } 1040	120 60 } 180		200
上級官人（貴族）	従2位	Ⓑ 40 Ⓒ140 } 140	40 1000 } 1040	120 60 } 180		200
上級官人（貴族）	正3位	Ⓑ 28 Ⓒ 60 } 88	28 440 } 468	84 50 } 134		160
上級官人（貴族）	従3位	Ⓑ 24 Ⓒ 60 } 84	24 440 } 464	72 50 } 122		120
中級官人（通貴）	正4位	Ⓐ 10 Ⓑ 16 Ⓒ 12 } 38	10 16 120 } 146	50 44 20 } 114	360	60
中級官人（通貴）	従4位	Ⓐ 8 Ⓑ 14 Ⓒ 12 } 34	8 14 120 } 142	43 36 20 } 99	300	60
中級官人（通貴）	正5位	Ⓐ 6 Ⓑ 10 Ⓒ 8 } 24	6 10 80 } 96	36 24 16 } 76	240	40
中級官人（通貴）	従5位	Ⓐ 4 Ⓑ 8 Ⓒ 8 } 20	4 8 80 } 92	29 24 16 } 69	180	40
下級官人	正6位 従6位	Ⓑ 6 Ⓑ 6	6 6	10 8		30 30
下級官人	正7位 従7位	Ⓑ 4 Ⓑ 4	4 4	8 8		30 30
下級官人	正8位 従8位	Ⓑ 2 Ⓑ 2	2 2	6 6		30 20
下級官人	大初位 少初位	Ⓑ 2 Ⓑ 2	2 2	6 6		20 10

て行なはれず。」とある）。まして六位以下の下級官人層は、ほとんど季禄のみに依存していたから、その支給が何年間も遅延すれば、まさに死活問題であったにちがいない。従って、この第七条は、単に文人官吏としての意見というよりも、広く中下級官人層の不満を代弁したものといえよう（上横手雅敬氏「延喜天暦期の天皇と貴族」『歴史学研究』二二八参照）。

上流社会の批判

このように時の式部大輔として、大学生や中下級官人層の不満を代弁し、待遇是正を要求した清行は、さらに上流貴族社会へも批判の目を向けている。前述の第四条でも、大学の荒廃に伴い、権門と縁故のある者ばかりが昇進をとげてゆくことに対して、「権門の余唾《よだ》に潤《うるお》ふ者は、羽翼を生じて青雲に入り、闕里《けつり》の遺蹤《いしょう》（孔子の学統）を踏む者は、子衿《しきん》（学問の類廃）を詠じて黌舎《こうしゃ》（大学寮）を辞す。」と、暗に人事の乱脈を非難している。しかし、より直接的に上流貴族の問題を扱った箇条は、第二条と第五条（前述の分類㈢）である。

第二条

すなわち、第二条では、奢侈《しゃし》の弊風に関して、冒頭から「今や澆風《ぎょうふう》漸く扇《あお》がれ、

衣服の制乱れる

王化行はれず。百官庶僚《しよりよう》、嬪御《ひんぎよ》勝妾《しようしよう》、権貴の子弟、京洛浮食の輩、衣服飯食の奢《おごり》、賓客饗宴の費《ついえ》、日に以って侈靡《しやび》し、紀《さ》極《きよく》を知らず。」と、大上段にふりかぶり、ついで具体的な事例を槍玉にあげている。たとえば、律令社会の身分秩序を表現すべき衣服をみるに、上下官人きそって贅沢な生地《きぢ》を使い、婦女の多くは舶来の斉紈《せいがん》や越綾《えつりよう》を服し、「紅袖《べにそで》を染むる者は其の万金の価を費し、練衣《ねりぎぬ》を擣《う》つ者は一砧《ちん》の間に裂く。」という。そこで清行は、身分相応に衣服の制を定め、違反者あれば検非違使に取り締らせるべきだと主張する。

しかも注目すべきは、続けて「法、常に上より之を破り、下をして之に效《なら》はしむ。重ねて望むらくは、検非違使をして此の制を張り行はしめよ。」と、ことさら念を押している点である。これは、仏事供養の浪費を禁じ、僧侶の酒饌を誡めよ、と主張した後半部分の「卿相、法を守り、僧統、制に随はゞ、則ち源澄みて流れ自ら清し。」という考え方と同様、上は下を善導すべきものとする儒教的発

政教の乱れの源由

想といえよう。しかし、消極的な表現の中にも、政教の乱れは上流貴族社会に源由のあることを批判し、その姿勢を正さしめようとした清行の意図を汲みとることができる。序論の前半で、ことさら天平の寺仏建立、延暦の都城造営、承和の内廷奢靡《しゃび》などを取り上げて、国家財政の衰亡を跡付けている点にも、同様の意図が感ぜられよう。

醍醐天皇の華美抑制策

ただし、華美の風潮は、祖父の仁明天皇と同じく文雅を好まれ、文人たちとも度々詩歌の酒宴を設けられた宇多天皇の治世に盛んとなった傾向であって、当代の醍醐天皇は、むしろその抑制に努力しておられた。『大鏡』(二巻)にみえる有名なエピソードであるが、醍醐天皇は、あるとき華美な服装で参内した時平をみつけて立腹され、蔵人を介して「世間の過差《かき》の制きびしきところに、左のおとゞ(時平)一の人といひながら、美麗ことのほかにて参れる、便なきことなり。すみやかに罷りいづべし。」と叱責された。すると時平は、大急ぎで退出し、一カ月も謹慎

第五条

舞姫の貢進

舞姫の図（前出『年中行事絵巻』第五巻）

していた。それを知った世間の人々は、まもなく過差を自粛するようになったという（もちろん、これは天皇と時平が事前に相談して演出した芝居であるが、類似の逸話は、後述の延喜十七年末に清行が上奏した書状にもみえる。一七九頁参照）。

一方、第五条は、五節《ごせち》の舞姫の定員削減を論じたものである。毎年十一月、新《にい》嘗祭《なめのまつり》のとき奉納される五節舞の起源については、惟宗公方《これむねのきみかた》の『本朝月令《がつれい》』逸文（『年中行事秘抄』所収）に「浄御《きよみ》原《はら》（天武）天皇の制する所なり。」とある（ただし林屋辰三郎氏の『中世芸能史の研究』は、天智天皇十年紀にみえる「田舞」に起源を求めておられる）。しかし、その舞姫を貢進するために、貴族たちが「財を尽くし産

舞姫の定員削減案

を破る」ほど力を入れ始めたのは、清行のいうごとく「故実を案ずるに、弘仁(嵯峨)・(仁明)承和の二代、尤も内寵《ないちょう》を好みたまふ。故に遍《あまね》く諸家をして此の妓(舞姫)を択《えら》み進めしめ、即ち以って選納(後宮女官)の便と為」されてからであろう。ところが、同じく舞姫を貢進しても、大嘗会(天皇の即位後に迎える最初の新嘗会)のときは、全員(五人とも)叙位に預かれるが、例年の新嘗会には、全員(四人)叙位に預かれないので、貴族たちは大嘗会のときのみ力を入れ、それ以外の年には辞退する傾向が強かった。宇多天皇は、そのアンバランスを解消するために「新制」を発せられ、「諸公卿および女御をして、輪転これを進めしめ」られたという。この「新制」は、おそらく詔か勅で示されたのであろうが、『寛平御遺誡《ごゆいかい》』(『政事要略』十一月中卯新嘗祭事所引)にも「公卿・女御、次《ついで》に依りて之を貢し、而して始めに復すこと、以って常事とせよ。」と記されている。しかし、どう工面しても、毎年四人(大嘗会の年は五人)ずつ貢進するには莫大な費用を要した。そこで清行は、「良家の女子の未だ嫁がざる者二人を択び、置きて五節の妓と為し」、その二名には時服《じふく》・月料《げつりょう》などを支給するだけでなく、貞淑に十年精勤したら、位を授けて嫁がしめるか、女蔵人《にょくろうど》扱いにすることを要望している。

批判の意図と限界

つまり、この第五条では、それまで公卿と女御が毎年四-五人ずつ順番に貢進していた五節の舞姫を、今後は定員を二員に削減し、それも「良家」の未嫁女子を選び、何年も続けて奉仕させるよう提案したのである。しかし、いずれの場合でも、これは上流貴族社会の問題であって、中級官人の清行には直接関係のあることではない。それにも拘わらず、それを殊さら採り上げたのは何故か。思うに、これも第二条と同じく、奢侈の風潮を引き締めるには、まず上流貴族が、一身の栄達を夢みて娘の貢進に法外の浪費をすることから自粛して、それ以下の人々に手本を示すべきだ、と主張しようとしたのであろう。ただし、その上流貴族に対する批判・要求は、きわめて婉曲的《えんきょく》であり、不徹底の謗《そしり》をまぬがれがたい。とくに序論や第十一条で、わざわざ基経の功業を特筆したり、時平の施策を賞讃しているのは、彼等の政権下で昇進をとげてきた清行の、いなみがたい傾斜と限界を示すものといえよう。

『意見十二箇条』の全体的特色

以上、清行の『意見十二箇条』を内容的に三分し、おのおのの論点を簡単に紹介してきたが、その全体的な特色は、次の二点に要約できると思う。

(イ) 問題の素材は、ほとんど三十年来の中級官人としての生活体験（とくに寛平年間の備中赴任と延喜初年の文人活動）の中から見いだされている。

(ロ) 従って、主張の立場も、国衙《こくが》「官長」を擁護し、文人官吏の不満を代弁し、上流貴族の奢侈を批判することに意が注がれている。

体験回顧録

要するに、この意見封事は、いわゆる律令体制末期の寛平延喜時代を、中級官人として地方と中央で生き抜いた文人清行が、晩年に機会を与えられて公表した一種の回顧録ともいいうる。もちろん、清行の主眼は、内外諸政の刷新にあり、これを回顧録だなどといえば、見当違いも甚だしいと反論するむきもあろう。ただ私は、こうした性格を考慮する必要もあることを指摘しておきたい。

ちなみに、唐『永徽《えいき》令《れい》』の本文には「事ありて意見を陳《の》ぶるは、身事を訴訟せんが為に非ず。」（『令集解』釈説所引「唐令」）とあり、わが『大宝令』の注釈書「古記」にも「時政の宜《ぎ》を量《はか》りて申奏するのみ。」（『令集解』所引）とあるように、意見封事は私的な事柄に触れないことを原則としていた（拙稿「意見封進制度の成立」『皇学館論叢』創刊号参照）。ところが清行は、序論の後半に「臣、去る寛平五年、備中介に任ず。（中略）清行、邇磨郷の戸口を問ふ。」と、わざわざ自分の経歴と名前を明記したうえで、十二箇条にものぼる膨大な本論を展開している。これは、当時では長老的存在であった清行に対して、このさい何でも存分に意見を述べるように、という特別のはからいがなされていたためかもしれない。

なお、この『意見十二箇条』を書いた清行は、文章道出身の儒者であった当然の傾向として、確かに中国の古典を尊重している。たとえば、第一条冒頭の「国は民を以って天と為し、民は食を以って天と為す。民無くんば何にか拠らん。」という民本主義的な考え方は、『孟子』や『漢書』などに基づく表現である。また随所に儒教的な尚古思想がみられ、これを逆に「一種の退化史観」ということも可能であろう（柴田実氏「平安時代前期の歴史思想」『日本における歴史思想の展開』所収）。しかし清行は、中国の古典より日本の古書および法制資料を重視し、それを有力な論拠に使っている場合が少なくない。しかも、決して往古より劣る現実に悲観するペシミストではなく、むしろ現実の是非を冷静に弁析《べんせき》して、当代こそ「千年の期運に鍾《あた》り、万古の興衰を照らす」絶好のチャンスであるとみなし、「抃躍《べんやく》（喜悦）にたえず、敢へて狂愚（管見）を陳ぶ。」（序論末尾）と楽観するオプティミストでもあったことを、無視してはならない。

三　その影響

清行の『意見十二箇条』は、四月二十五日付で上奏されたが、その後どのよう

封進後の取り扱い

に取り扱われたのか、明らかでない。しかし『西宮記《さいきゆうき》』(巻七)や『北山抄《ほくざんしよう》』(第四)によれば、(イ)意見封事は、本人が密封して太政官の外記局に進めると、そのまま弁官をして天皇に奏聞される。(ロ)天皇は、みずからその封を開かれ、それが何通も纒《まと》まったところで公卿たちに審義を委《ゆだ》ねられる。(ハ)公卿たちは、まず一条ごとに内容を検討して適切な意見を選び出し、それを再び天皇の御前で審義して採否を決定する。(ニ)採択された意見は、必要に応じて関係官司に頒布して施行された。このような処理方法は、段々に整備されたのであろうが、これに近い取り扱いは、すでに平安初期から行なわれていたことが確認できる(拙稿「律令時代における意見封進制度の実態」『延喜天暦時代の研究』所収)。このたびも慎重な「封事定」が行なわれたことであろう。

清行の意見実現困難

しかし、十二箇条に亘る清行の意見は、ほとんど現実の施策として実を結んでいない。前述の分類でいえば、まず(一)(国司行政の障害除去案、七箇条)は、いずれも律令体制の根本に関わる問題であって、口分田の調査にしても不課口の抑制にしても、いまさら手の打ちようがない、と判断されたのであろうか。また㈡（学生や中下級官人の待遇是正策、三箇条）も、㈠の改革によって再建さるべき律令財政の裏付けを必要としたから、もはや実施困難であったにちがいない（『官職秘抄』には、第六条の大判事について「此の職もと二人。寛平四年（実は八年）一人を省く。延長四年旧に復し加へ置く。ただし之を任ぜず。」と説明している）。それに対して㈢（上流貴族の奢侈自粛案、二箇条）は、貴族自身が、㈠や㈡に指摘されたような行政・財政両面の衰弊状態を認識して、自ら率先倹約に努めればよいはずの問題であったが、華美な生活に慣れ、自家の栄達を夢みるかれらは、相変らず耳をかそうとしなかったようである（第五条については、『政事要略』に「これ用ひられずと雖も……」と注記されている）。

ちなみに、封事上奏後まもない六月一日、「美服の紅花深染色等を禁制す。」（『日本紀略』）との禁令が出された。これは、前述のごとく華美抑制に熱心であった醍醐天皇が、清行の意見第二条（「請ふらくは奢侈を禁ずべき事」）の一部を、現実の施策に反映せしめられたものと考えてもよいであろう。しかし、より直接的な契機は、一カ月前に発生した京中の大火である。火は左京の一条・二条に燃え広がり、斉世《ときよ》親王や故班子《はんし》女王の邸宅など六百十七戸を焼き尽くしたが（『貞信公記』『日本紀略』）、その原因は、当時流行していた紅花の濃厚な染色の祟《たた》りだと考えられ、翌月禁制が出されたのである。ところが、禁制は余り守られなかったらしく、大火より三年半後の延喜十七年（九一七）十二月末、清行は、あらためて「深紅の衣服を禁ぜんことを請ふ奏議」（『政事要略』所収）をたてまつり、大要次のごとく述べている。

深紅衣服禁制の建議

(イ)（上略）貞観以来、男女の衣服に深紅色が多く用いられるようになった。しかしこの染色は、火色とか焦色と呼ばれ、その言葉に妖気がこもって、宮中でも市内でも頻りに火災が発生した。そこで、仁和年間に入って火色の使用が禁止され、検非違使に取り締りが命ぜられた（その結果、右大臣源多すら、深紅の襖子を着用して参内したところ、検非違使の小野春風にとがめられ、以後自宅で謹慎していたという）。

(ロ)　しかるに延喜七－八年以降、再び京中でこの服が流行しはじめ、再三の禁令にも拘わらず、ここ数年来、ますます濃厚な染め方になった。延喜十四年の左京大火、この冬の東大寺失火など、大小の火災が絶えないのは「此れ皆、火色妖言の応」である。

紅花の市価高騰

(ハ) しかも、このごろ紅花の市価が高騰《こうとう》し（一斤の直銭一貫文）、「いま（紅花）二十斤を以つて絹一疋を染むれば、まさに二十貫文を用ふべし。此れ則ち中民（中流家庭）二家の産」にあたり、その浪費の弊害は天災よりも甚しいものがある。

(ニ) 従って、早速有司に禁令を出し、公卿・嬪御《ひんぎょ》は、それをみずから卒先実行してほしい。

これによれば、清行は陰陽五行説に基づき、火色の流行と火災の頻発は因果関係がある（イ・ロ）と考えていたようである。しかし、彼が本当に訴えたかったことは、後半部分（ハ・ニ）であろう。衣服に法外な費用をかけて華美を競うような愚は、まず上流貴族から自粛せよという論法は、意見封事の第二条・第五条と全

衣服の禁制すら形式化

く揆を一にしている。幸い奏義は嘉納されて、翌十八年四月より、深紅灰色の使用は禁止され、紅花一斤に染絹一疋の割ならば許されることになった（『日本紀略』『政事要略』）。ところが、この禁制も、一時的には厳格に守られたようである（一九五頁参照）が、しばらくたつと遵守されなくなり、延長四年（九二六）・承平七年（九三七）・天慶五年（九四二）などに、宣旨を以って再三禁令が出されている。とくに村上天皇の天暦元年（九四七）以降には、いわゆる公家《こうけ》新制《しんせい》の一条として踏襲されてゆくが、実効は伴わなかったようである（水戸部公男氏『公家新制の研究』参照）。

さて、かように清行の『意見十二箇条』は、ほとんど現実の施策に反映されず、わずかに第二条の一部が用いられ、第六条の主張が形式的に通されたとみられるにすぎない。もちろん、この惨めな結果を生んだ原因は、清行の論策が殊更まずかったからではない。しからば、当時の為政者たちが問題の解決に不熱心であったかといえば、必ずしもそうとばかりは言い切れないであろう。内外の官人から意見封事を徴召したこと自体、何とか現状打開の妙案を見い出そうとした姿勢のあらわれである。しかし、その詔に答えて意見封事を上奏した事例は、天暦時代までしかみられない。それ以降は、徴召すら稀になり、いわゆる〝延喜の治〟を理想視する懐古意識のみが王朝時代の名残りを留めるにすぎなくなる（拙稿「平安後期の延喜時代観」『古代学』一四の二参照）。

菅原文時の『封事三箇条』

ちなみに、ここで清行の『意見十二箇条』と菅原文時の『封事三箇条』および藤原敦光の『勘文』とを対比してみよう。

まず、右少弁菅原文時の『封事三箇条』は、あらゆる面で〝延喜の治〟を規範とされた村上天皇（醍醐天皇第十四子）が天暦八年（九五四）に下された徴召の詔命を承けて、その三年半後に上《たてまつ》ったものである（『本朝文粋』巻二所収）。各条の事書《ことがき》は左の通り。

第一条　請ふらくは、奢侈《しゃし》を禁ずべき事。

第二条　請ふらくは、売官を停むべき事。

第三条　請ふらくは、鴻臚《こうろ》館《かん》を廃失せず、遠人を懐しみ文士を励ますべき事。

清行の意見との比較

これを清行の『意見十二箇条』と比較すれば、第一条は清行の第二条（奢侈禁止）と類似し、第二条は清行の第十条（贖労人の補任停止）と対応し、第三条は清行の第四条（大学生の食料加増）と関連するものであって、文時は清行を意識し、その影響を受けているとみてよい。とくに第一条冒頭の「俗の凋衰《ちょうすい》は源の奢侈なるにより、其の源を塞がずんば何ぞ其の俗を救はん。」という考え方は、清行の発想と一致し、また「富者は産業を傾け、貧者は家賃を失ふ。」とか「重ねて有司に勅し、更に旧法を張れ。」という表現は、清行の文章の翻案《ほんあん》ではないかとさえ思われる。ただし、文時の封事は、清行の意見より分量が少ない（条数四分の一字数七分の一）だけでなく、その論点が中央の貴族と文人に関する問題のみに偏《かたよ》り、律令財政や国衙行政に関する問題には全く言及していない。しかも、それほど局部的な論題に限りながら、その内容もきわめて抽象的・観念的である。道真の直孫「儒官」文時には最も関心が深かったと思われる

第三条をみても、いたずらに漢籍を引き美辞を並べるのみで、清行のごとく具体的に論旨を展開させるところがない。

藤原敦光の勘文

一方、式部大輔藤原敦光の『勘文』は、延喜・天暦より二世紀ほど降った保延元年（一一三五）に上申した文書である（『本朝続文粋』巻二所収）。この時点では、もはや広く内外官人に意見を求めること自体なかったが、敦光は、鳥羽上皇の諮問《しもん》に応じて所見を答申したものと思われる。従って、全体に「史籍」の引用が多く、中国の経史（『礼記』・『尚書』・『五行伝』・『六韜』・『漢書』・『後漢書』・『貞観政要』など）が大部分を占めている。しかし、日本の古書も少なからず使われており、実はそのなかに『戸令《こりょう》』や『続日本紀《しょくにほんぎ》』などと並んで『意見十二箇条』（序論の一節）が見える。すなわち、保延当時の財政状態を説明するために「延喜年中、式部大輔三善清行朝臣の封事の中に、天下の費、往世の十分の一に非ずてへり（といへり）。彼の一分を以って之に比すれば、今時また延喜の十分の一に非ず。国の衰耗《すいもう》、掌《たなごころ》を指して知るべし。」と、巧みに清行の論法を援用している。

清行の意見との関係

しかも注目すべきは、敦光『勘文』の主要部分（第二条「去年風水の難有り、今年春夏飢饉の事」）が明らかに清行の『意見十二箇条』を意識して書かれていることである。この点は、すでに川口久雄氏が指摘され、最近も阿部猛氏が概要を紹介しておられる（「三善清行と藤原敦光」『日本歴史』二四七参照）。要するに条数のみでいえば、敦光『勘文』の内容は、『意見十二箇条』のうち九箇条（第一〜第四条、第七条〜第十一条）にも対応するのである。ただし、敦光は論点を対応させてはいるが、その論旨は観念の所産といわざるをえない。たとえば、その論述が比較的具体性にとむ「奢僭《しやせん》」（身分をわきまえぬ贅沢）の問題についても、結局「度々の綸言《りんげん》に任せ、以って色々《しきじき》の華麗《かれい》を停むべし。」というのみ。また明衡《あきひら》（『本朝文粋』等の編者）の嫡男敦光には最も関心が強かった大学寮の復興についても、「聖代の旧風に依り、早く明暗の新化を絶つ《（継ぐ）》べし。」というに留まり、何ら具体的な改革案は示していない。

以上のごとく、菅原文時の『封事三箇条』と藤原敦光の『勘文』には、確かに『意見十二箇条』の影響が直接・間接に認められる。しかし、それは観念的・表面的な影響であって、清行の論旨を前進せしめるようなところは全くみられない。ましで政治の実権が宮廷貴族の手から離れた中世以降には、清行の建議も、王朝時代の一名文章として伝えられてゆくにすぎないのである（第九の三参照）。

第八　晩年の動静

一　参議兼宮内卿

清行は、意見封事を上奏した翌春（延喜十五年正月）、従四位上に進められた。ところが、この年は夏から冬にかけて京中で疱瘡が大流行し、諸国でも旱天のため不作となった。そこで政府は、重陽宴も新嘗会も（当然五節の舞姫も）停止し、その節禄については「外記局において諸大夫の見参（内参）を点じ、其の禄を充給する」という方針を発表した。しかし、これでは太政官の外記局まで出向かねばならず、病身の官人には不都合とみてとった清行は、新嘗会の二日前、中納言の藤原定方あてに次のような書状をたてまつっている（『政事要略』二十六所収）。

定方あての申し入れ

(イ)（略上）今年疫瘡《えきそう》流行し、庶民苦沈、それ五位以上（四位以下）、或は其の身困篤、或は妻子喪亡して、纔《わず》かに痊愈《せんゆ》を得る者も、容顔気力いまだ人の如からず。

(ロ)而るに剋期《こつき》点参《てんざん》せしむれば、必ず病を忍び力を扶《たす》けて、禄の為に妄進し、恐らくは禁忌《きんき》を犯さん。（中略）然れば未得解由《みとくげゆ》を除くの外、唯歴名《れきめい》（名簿）に随いて此の禄を充給せよ。（下略）

不参者にも節禄支給

この要望は、幸い聴き入れられ、新嘗会の翌日、疫瘡による不参者二十二名にも節禄を賜わったという（『西宮記』巻六、『北山抄』第二）。ことは一見些細な支給手続の変更にすぎないが、一年半前、意見第七条の中において、季禄の全員支給を主張した清行としては、それが別の形でわずかながらも認められたことに、少しは満足を覚えたであろうか。

さて、その翌年（延喜十六年）、清行は齢《よわい》七十を迎えた。大蔵善行のように門下生たちから古稀の賀宴を設けられたという記録はみあたらない。ただ義堂周信《ぎどうしゆうしん》（南北朝時

古稀に善法寺建立か

代の五山僧）の『空華集《くうげ》』（巻十九）には、「善法寺」について「平安城東白河《しらかわ》の北に在り。醍醐天皇の勅、以って延喜十六年丙子の歳に建てたまふ。宰相（参議）善氏清行の請に従ふなり。故に寺は世々善家の香火《こうか》（香火院即ち菩提寺）と為す。」（『五山文学全集』所収）と説明されている。この所伝の典拠は明らかでないが、清行が四十前後に円珍と深交をもち、仏教に関心を寄せていたことはすでに述べた。そのうえ、この三年前に書いた『詰眼文』にも、「当今のはかり、六芸《りくげい》（儒学）の囿《その》を辞し、三帰（仏教）の門に入るに若《し》くは無し。」と述べている。従って、古稀を迎えて仏心を深め、醍醐天皇より勅許を賜わって「善法寺」を建立したという説は、事実と認めてよいかもしれない。

ついに参議昇進

しかも、清行永年の苦労は、これ以後一両年に相ついで実を結ぶ。すなわち、翌延喜十七年（九一七）正月には、式部大輔から参議に任命された。前年七月に宮内卿十世王が薨去し、この正月には藤原仲平が中納言に昇進して、参議に二つの空席ができたため、早速、良岑衆樹《よしみねのもろき》と共に清行を補充されたのである。しかも、二人とも人物を見込まれて公卿に抜擢されたのであって、決して安易な人選ではない。何となれば、衆樹（五十六歳）は桓武天皇の曽孫にあたり、醍醐天皇の即位当初から

表（延喜17年正月末現在。『公卿補任』による。年齢は私に修訂）

官職	（カッコ内は前任官）	備考
左大臣		前後15年間空席
右大臣	左近衛大将	摂関家流，氏長者
大納言	民部卿	嵯峨天皇の孫
〃	右近衛大将	南家，尹文の父
中納言	左衛門督	醍醐天皇の外叔父
〃	右衛門督 按察使	南家，保則の男
〃	左兵衛督 春宮大夫	摂関家流，忠平の兄
参議	弾正大弼	式家，11月卒
〃	右兵衛督 検非違使別当	文徳天皇の孫
〃	（式部大輔）	淡路守氏吉の3男
〃	修理大夫	式家，5月卒
〃	左大弁 勘解由長官	信濃守良基の5男
〃	右大弁	摂関家流，時平の男
〃	左近衛中将 （蔵人頭）	北家，良世の男
〃	（右近衛中将 蔵人頭）	桓武天皇の曽孫
（非参議）	刑部卿	清和天皇の男

現任公卿

順位	位階	氏名	年齢
0		（欠　員）	
1	従2位	藤原忠平	38
2	正3位	源　昇	70
3	従3位	藤原道明	62
4	従3位	藤原定方	40
5	〃	藤原清貫	51
6	〃	藤原仲平	43
7	正4位下	藤原興範	74
8	〃	源　当時	50
9	従4位上	三善清行	71
10	〃	藤原枝良	73
11	〃	橘　澄清	57
12	〃	藤原保忠	26
13	〃	藤原恒佐	38
14	〃	良峯衆樹	56
×	従3位	源　長猷	51

蔵人に任ぜられ、二年前より蔵人頭を勤めていた。毛並と実績の揃った天皇の側近である。また清行の場合、家柄は低くとも、延喜初年より三儒職を歴任してきた当時第一流の文人官吏であった。三年前の意見封事上奏も、功績の一つとして考慮されたのかもしれない。しかも清行は、先任参議五人を飛び越え、最年長の藤原枝良《えだよし》より上の参議第三座に位置せしめられたのである。

参議の第三座を占む

人材本位

ちなみに、この当時の公卿人事が人材本位であった例証は、他にも少なくない。たとえば、従三位刑部卿源長猷（五十一歳）は、清和天皇の第一源氏であって、前年七月に薨じた参議十世王の後任には自分が起用されるものと期待していたようである。しかし、この正月の人事では、清行と衆樹にチャンスを奪われてしまった。ところが五月になると、参議枝良（藤原式家）が卒したので、今度こそはと意気ごみ、八月に「天恩を蒙り、参議の闕に補せられんことを請ふの状」（『紀家集』裏書）をたてまつっている。彼の言い分によれば、賜姓源氏は弘仁以来公卿を多数輩出してきた名門なのだから、従三位（非参議）になって十一年にもなる自分を、今度はぜひ参議にして頂きたいというのである。けれども、彼は結局参議になれず、翌十九年に薨じてしまった（『日本紀略』『尊卑分脈』）。清行すでに七十を越えたりとはいえ、このような一世源氏を

破格の出世

差し措いて、第三参議の座に登りえたことは、三善氏としてまさに破格の出世といってよいであろう。

宮内卿兼任

しかも清行は、同年五月、さらに宮内卿を兼任することになった。周知のごとく宮内省は、令制より縮小された延喜式制でも、本省の下に大膳職《だいぜんしき》と五寮・五司（木工寮・大炊寮・主殿寮・典薬寮・掃部寮・正親司・内膳司・造酒司・采女司・主水司）を擁する大規模な官衙。従って、その長官たる卿（正四位下相当）には、他の省よりも諸王の任ぜられる例が多く、前任者も桓武天皇孫の十世王（宇多天皇生母班子女王の弟）であった（寛平三年以来二十五年間在任）。この重要なポストを、参議昇進早々の清行がなぜ兼任しえたのか、理由は明らかでない。強いて宮廷との結びつきをいえば、前述のごとく三善一族の姉継と弟姉が平城・嵯峨天皇の後宮《こうきゅう》に関係していたことや、また後述のごとく清行が嵯峨天皇の孫女を娶っていたらしいことなどがあげられよう。

朔旦冬至の賀表を書く

かくて参議と宮内卿を兼任した清行に、もう一つ花を添えるチャンスが訪れた。この延喜十七年の十一月一日が、実は二十年に一度しかない冬至にあたり（いわゆる朔旦冬至）、それを祝う公卿の賀表を書く光栄に浴したのである。後年、菅原文時が「前例を推し尋ぬるに、作者の儒《はかせ》、公卿ならざるはなし。元慶には亡祖右大臣卿（道真）、昌泰には中納言紀長谷雄卿、延喜には三善清行朝臣、天暦には大江朝綱朝臣等なり。」（『本朝文粋』巻六奏状）と記しているように、儒職より公卿になった者としては、一世一代の名誉であったといってよい。その賀表は、四六駢儷《べんれい》体に近い美文であるが、要するに朔旦冬至《さくたんとうじ》の慶と今上陛下の徳を結びつけ、「気候期を合し、頻りに上天の顕応を降す。（中略）臣等、七天を聖徳に託し、方寸を明時に露《あらわ》す。」（『政事要略』巻二十五所収）と祝意を表している。当日、この公卿賀表は、右大臣忠平から内侍所の女官に付して奏進された。清行には最も得意な一日であったにちがいない。

公卿の世界奢侈に流れる

しかし、新たに仲間入りした公卿（上流貴族）の世界は、何かと奢侈《しやし》に流れ、とくに衣服の華美が著しかった。そこで、たまりかねて同十七年十二月末にたてまつったのが、前述の「深紅の衣服を禁ぜんことを請ふ奏議」である。朝廷では、これに応《こた》えて翌年四月より検非違使に深紅衣服の不法着用を取り締らしめられた

（第七の三参照）。のちに惟宗允亮《これむねまさすけ》が祖父から聞いたという延喜末年ころのエピソードによれば、醍醐天皇の寵愛ふかい内匠《たくみ》と呼ばれる女蔵人《にょくろうど》が、火色の衣《きぬ》を着て外出しようとしたところ、検非違使の源中正《なかまさ》にとがめられて衣を破られそうになった。しかし内匠は、急いで「大空に照る日の色を禁じては、天の下には誰か住むべき」との和歌を贈ったので、中正も情に忍びず、内匠を見逃したという（『政事要略』巻六十七）。清行の要望に基づく火色使用禁止の制も、しばらくの間は相当厳格に取り締られていたことを裏書きする逸話ではあるまいか。

（火の色）

二　『善家秘記』

清行は、このように参議昇進後も、得意の文筆を走らせて、貴族社会の問題解決に役立てようとする情熱を失わなかった。しかも、最晩年にあたる延喜十八年には、興味ぶかい書物を作っている。『善家秘記』のことである。『政事要略』には「善家異記」「善家異説」という書名で引用されているが、『扶桑略記』や『本《ほん》朝《ちょう》書籍《しょじゃく》目録《もくろく》』には『善家秘記』とあり、いずれも内容的な関連性を確かめうるので、すべて〝秘記〟として扱う（もちろん、「善家」とは清行に対する敬称であるから、このような書名は、後人がつけたものであろう）。しかし残念なことに、本書は完本が伝わらず、左記の数話が断片的な逸文として知られるにすぎない。

秘記の逸文

㈠ 竹田千継などが、薬を服し老を駐《とど》めた話（『政事要略』巻九十五所引）。

㈡ 弓削《ゆげ》是雄が、占験を顕わした話（『政事要略』巻九十五所引）。

㈢ 淡路と備中で、病鬼を追い払った話（『政事要略』巻七十所引）。

㈣ 藤原明子が、宴席で鬼と戯れた話（『扶桑略記』元慶二年九月二十五日条所引。『拾遺往生伝』巻下・『今昔物語』巻二十の第七話・『真言伝』巻四・『元亨釈書』巻三と巻十・『河海抄』巻二十などにもみゆ）。

㈤ 賀陽《かや》良藤が、霊狐に妖惑《ようわく》された話（『扶桑略記』寛平八年九月二十二日条所引。『今昔物語』巻十六の第十七話・『元亨釈書』『狐の草子』などにもみゆ）。

※ これらは和田英松氏編（森克己氏校訂）『国書逸文』に収録されている。

枸杞を服用
長寿を保つ

このうち㈢の全部と㈠・㈡の一部は、すでに引用したことがあるので、それ以外の部分の概要を、以下簡単にみてゆこう。

㈠の①　竹田千継は、十七歳のとき典薬《てんやく》寮の医生となり、『本草経《ほんぞうぎょう》』を読んで〝枸杞《くこ》〟が老化防止に効くことを知った。そこで試みに枸杞を自家栽培して、葉も根も茎も服用し続けた結果、七十余歳になっても顔色少年のようであったという。やがて斉衡《さいこう》二年(八五五)、病身の文徳天皇に枸杞の効能を上奏したところ、天皇は大いに悦ばれて、千継を典薬允《じょう》兼左馬寮允に抜擢され、側近として蔵人所に直《ちょく》せしめられた。しかし、それがために忙しくて枸杞を服用する遑《いとま》もなくなり、二年たらずで急に老《ふ》け込み、百一歳で卒したという。

㈠の②　春海《はるみ》貞吉も、若いころから枸杞を毎日常用してきたので、百歳を越えても若さを保っていた。しかし寛平九年(八九七)夏、疫癘《えきれい》に感染して俄かに百十九歳(七)で卒したという。また大納言藤原冬緒は、露蜂房《ろほうぼう》(蜂の巣)や槐子《かいし》(えんじゅの実)

を服用し、八十歳過ぎても老いをみせなかった（清行の白髪の話、第四の一に引用）。

㈠の③ 近い例をあげると、十世王は、歯が悪くて漿《おもゆ》しか飲めなかったが、乾《ほし》石決明《あわび》の屑《くず》を服用して、八十五歳まで生き長らえた。また東宮学士大蔵善行は、鐘乳丸《しょうにゅうがん》を一日一丸服用したお蔭で、九十歳近くなっても心身共に強健。延喜十七年（九一七）には、皇太子に『漢書』を毎朝進講したが、一度も休講せず、しかも家には多婦を蓄え、翌十八年、八十七歳で一男を儲けたという。

弓削是雄の占験

㈡の① 貞観六年（八六四）、伴世継は穀倉院交易使として近江介藤原有蔭の館に寄泊したが、夜中に悪い夢をみた。同宿した陰陽師弓削《ゆげ》是雄に占わせたところ、世継の家の寝室には、主人を殺そうとする鬼がいるので、家に帰ったら弓に矢をつがえて目を瞋《いか》らせ、鬼を威嚇するよう教えてくれた。そこで早速その通りにすると、はたして匕首《あいくち》を持った沙門（主坊）があらわれ、実は留守中、世継の妻と通淫していたことを自首したという。

(二)の② 寛平四年(八九二)、八省院での試経に際して、弓削是雄は老沙弥を及第させるために占験《せんけん》神異をあらわした(第四の一に引用済)。

病の鬼の話

(三)の① 貞観初年、父氏吉が赴任先の淡路で重病を患ったときの話(第一の二に引用済)。

(三)の② 寛平五年(八九三)、清行自身が赴任先の備中で疫病流行に苦慮したときの話(第四の二に引用済)。

藤原明子の話

(四) 清和上皇が御生母藤原明子(染殿太皇太后)のために五十の算賀を設けられたさい、明子は人心を失い、傍らにきた鬼(怨死した僧の化身)と夫婦のごとく盃をのみかわし戯《たわむ》れたという。

賀陽良藤の話

(五) 備中の富豪賀陽《かや》良藤は、銭で備前少目《さかん》の官を買ったが、寛平八年(八九六)任終えて帰宅してみると、妻は京に逃げ去り、良藤は鰥《やもめ》ぐらしをせねばならなくなった。ところが、急に心神狂乱し、数十日後に突然姿が見えなくなった。そこで良藤の家族は、等身大の十一面観音を造って礼拝していたところ、十三日目に顔色のやつれた良藤が、狭い蔵の下から出てきた。彼がいうには、ある女に誘われて立派な宮殿にゆき、そこの女主人と生活を共にして一男を儲けたが、三年目に一人の優婆塞《うばそく》が現われると、彼女たちは狐となって走り去り、自分だけ蔵の下にいることに気付いたという。良藤は以後十余年して六十一で卒した。

見聞・体験に基づく記録

以上の五題九話、これで完本の何割にあたるのか判りかねるが、一つ一つ独立した所伝を同一の視点からまとめあげたものであったようである。その題材は、かなり多岐にわたっているが、いずれも清行自身が見聞したり体験した〝事実〟の記録である、と彼はいう。たとえば、㈠の①末尾には「余、幼少にして先君(父の氏吉)この事語れるを聞き、のち文徳天皇の近臣修理大夫藤相公の語る所を聞くに亦同じ。仍つて之を記す。」と、見聞の信憑性《しんぴょうせい》を強調している。また㈠の②や㈡の①の末尾には「天下歎異せざるはなし。皆之を地仙と謂ふ。」などと、当時の世評を裏付けとしている。さらに㈢の末尾には「此の事、迂誕《うたん》なりと雖も、自ら視る所、聊《いささ》か以って之を記す。」とあり、これが決して清行の作り話ではないことを断わっている。

『真言伝』所引の逸文

この点、㈣・㈤には注記らしいものがみえない。しかし、それは『扶桑略記』の引用が原文を一部省略しているためであろう。現に㈣の原文を直訳したと思われる『真言伝』（巻四、相応和尚伝）所引「善家ノ秘記」＝「清行卿記」の前半には、染殿《そめどの》皇后明子の病気を祈療《きりよう》した某沙門が、明子に懸想《けそう》して獄門に降された話があり（その霊が鬼となって㈣の明子と戯れたのである）、その末尾には「昌泰二年ノ春三月ニ、清行、閑居ノイトマ多キ時、後宮《こうきゆう》ノ命婦《みようぶ》百済ノ継子ノ、年八十余ナル、言談ノ次《つい》デニ、具《つぶさ》ニ是ノ事ヲ述ルヲ聞テ、是ヲ記ス。」とある。つまり、これらの奇怪な物語は、中国の神仙譚の翻案でもなければ、勝手な虚構でもない、おのおのに典拠をもつ実話なのだ、というのである。確かに清行ならずとも、実際に見聞したり体験した事柄であれば、どんな怪異奇瑞も一概に否定しえない。まして讖緯《しんい》説や陰陽思想に詳しかった清行は、それらを〝事実〟とみなすに躊躇しなかったであろう。

清行の合理性を示す話

しかし清行は、根拠があり、道理にかなえば怪異奇瑞も事実とみなすにすぎないのであって、決して浮説に惑い、狐妖《こよう》を怖《おそ》れる人物ではなかった。『十訓抄《じゅっきんしょう》』(中、第七)によれば、清行は、美濃国伊吹山に信者の多い僧侶がいることを聞き、わざわざ面会に出かけていったが、「此の人は、かく行徳のあるやうなれども、無智の間、ついには魔界のためにたぶらかさるべし。」と喝破《かっぱ》して引き上げたという。また『今昔《こんじゃく》物語』(巻二十四の第二十五話)によれば、清行は、五条堀川の辺にあった不気味な旧家を買い取り、そこへ初めて独りで泊りに行ったところ、永年その空家に住みついていた老狐が、夜半に色々な形に化けて現われ、彼を悩ませた。しかし清行は、「人ヲ愕《おび》ヤカシテ住マシメズ、押居テ領スル極メテ非道ナリ。(中略)汝ハ必ズ天ノ責《せめ》蒙リナン。」と、逆に老狐を叱りつけて退散せしめたという。二つとも後世の説話にすぎないが、さらに前述の『江談抄』などをみても、延喜当時の人物としては、むしろ清行こそ合理性を重んずる人であったといえそうである。

秘記著述の動機と目的

ところで、かような個々の所伝を、一冊にまとめた動機と目的は、どこにあったのか。この点に関して、今野達氏は「最初身辺の不可解な事相に目を見張った清行の好奇心は、その助長と共に広く世上の奇異に向けられ、遂にその蒐録《しゅうろく》へと進んだのであろう。」（「善家秘記と真言伝所引散逸物語──今昔物語集との関連において」『国語と国文学』四一六）とされ、また大曾根章介氏は「大胆な臆測が許されるならば、彼等の手になる怪異説話集は後に編纂されるであろう正史の材料を意識しての著述であったかもしれない。」（「漢文学における伝説と巷説──紀長谷雄と三善清行」『言語と文芸』六六）とされている。ともに傾聴すべき推論といえよう。ただし、清行の意図とは別に、この〝秘記〟の多くは、仏教説話として訳出され、また怪異物語として改作されながら、後々まで伝えられてゆくことになる（その典型は(五)であって、『今昔物語』には「備中国賀陽良藤、狐夫の為に観音の助けを得る話」と題され、中世の御伽草子類には「賀陽良藤物語」とか「狐の草子」と題されている）。

三　臨終蘇生説話

七十二歳で卒す

参議兼宮内卿として最晩年を迎えた清行は、延喜十八年（九一八）十二月（『公卿補任』は六日、『日本紀略』は七日）、七十二歳の生涯を閉じた。おそらく彼も枸杞《くこ》を服用して長寿を保ち、安らかに最後の息を引き取ったことであろう。しかも、その臨終に関しては、次のような蘇生説話が伝わっている。

清行の八男浄蔵は、熊野へ参詣する途中で父の死を察知し、急遽帰京したが、京に着いたときは既に卒後五日目であった。しかし、浄蔵が一心に加持したところ、不思議にも清行は生を蘇《よみがえ》らせ、浄蔵に向かって礼拝したという。けれども、運命には限りがあり、それから七日目、ついに西を向き念仏しながら息絶えたというのである。

これは、平安後期にできた『扶桑略記』や『拾遺往生伝』にみえる記事の直訳

蘇生説話の膨脹

であるが、以後段々に尾鰭《おひれ》がつき、変型されてゆく。たとえば、鎌倉中期にできた『撰集抄』では、浄蔵は「一条の橋のたもと」で祈禱して清行を蘇生せしめたことになっている。しかも、室町中期にできた『三国伝記』あたりで一層附会《ふかい》が多くなる。すなわち浄蔵は、大峯《おおみね》山中で数年修業していたが、両親が恋しくなって、一条堀川の辺まで来たところ、立派な喪送《そうそう》の牛車《ぎっしゃ》に出あった。その供奉人《ぐぶにん》に何気なく尋ねると、「善宰相《さいしょう》殿（清行）ニテ御渡《わたり》アリ。俄ニ薨ジ給フ程ニ、蓮台野《れんだいの》（平安京北辺の火葬場）へ送リ奉ル也。」といわれ、驚いた浄蔵は、棺を開いて涙ながらに父の屍を伏し拝み、一心に加持をした。すると清行は一時蘇生し、父子はその夜橋の上で語り明かしたという。

このような蘇生説話は、今日の常識では理解しがたいが、全くの作り話とも言い切れない。とくに浄蔵は、加持の能力にすぐれていたらしく、数多くの逸話を残している（第九の二参照）。本当に蘇生させえたか否かは別として、浄蔵が父清行の延命を一心に祈禱したことは、確かにあったと思われる。若いころから讖緯《しんい》説《せつ》に関心を寄せ、また怪異譚にも興味をもち続けてきた清行自身の言動も、このような説話を生む一因となったのであろうか。

第九　清行の余映

一　関係遺蹟

清行の生涯は、上述のごとく決して平凡な七十二年間ではなかった。しかし、元来出自《しゅつじ》が低く、苦労して文人官吏となり、ようやく晩年に参議となった清行であるから、その伝記を裏付けるような遺蹟は、ほとんど現存しない。ただ、生前の言動に関連づけて、歿後に比定され、附会《ふかい》されたと思われる遺蹟ならば、京都市内だけでも、二―三に留まらない。

五条堀川の空家を買う

まず、前述の『今昔物語』（巻二十四の第二十五話）には、「五条堀川ノ辺ニ荒タル旧家有ケリ。（中略）三善宰相、家無カリケレバ、此家ヲ買取テ、吉《よ》キ日ヲ以テ渡ラントシケル」

とある。しかし、この邸宅は「悪《あし》キ家ナリトテ、人住マズシテ久シク成ニケル。」という不気味な空家であり、それがために「行著テ見レバ、五間ノ寝殿有リ。屋の躰、立テム世ヲ知ラズ。(中略)宰相、寝殿ニ上リテ見レバ、障子破レ懸リテ皆損ジタリ。」という見窄《みすぼ》らしい荒屋《あばらや》であった。もちろん、これは主題の老狐説話を面白くするために、ことさら化物屋敷らしく描かれているのであろうが、清行が五条堀川あたりの古い寝殿造りを買い求めて移り住んだという点は、確かな事実かもしれない。ちなみに『中古京師《けいし》内外地図』(寛延三年刊、一七五〇年)を広げると、五

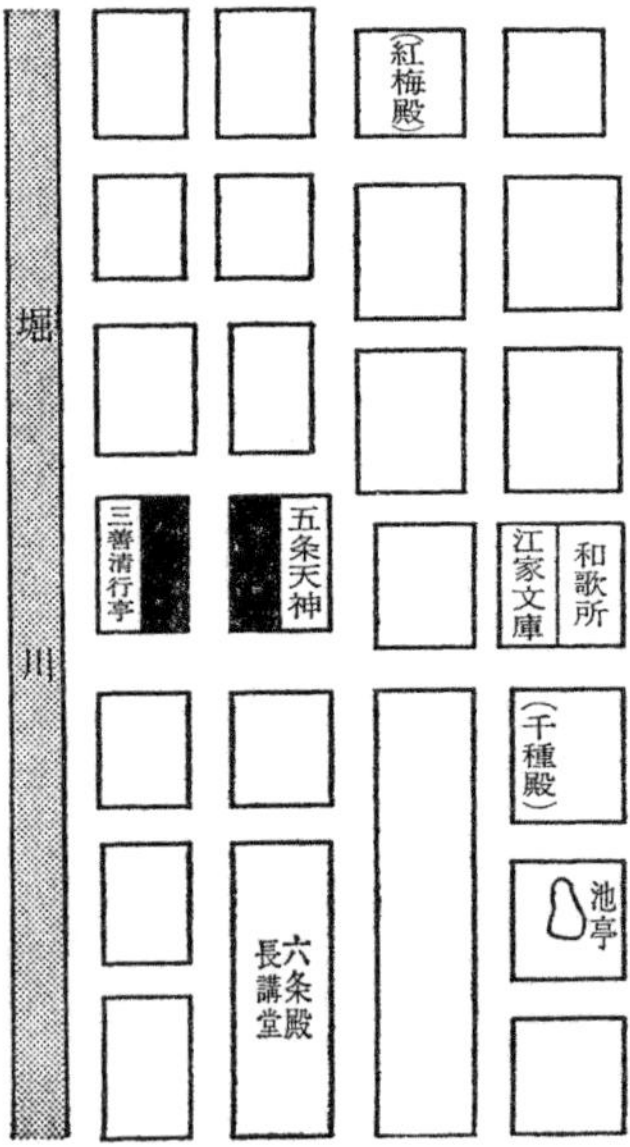

五条堀川の清行亭近辺
(新訂増補故実叢書所収『中古京師内外地図』)

条堀川の角（五条南・堀川東の半町分、現在の下京区堀川松原）に「三善清行亭」と記入されており、『山城名跡巡行志』（宝暦四年刊、一七五四年）なども、これを「三善清行故居」としている。現在は何も遺っていないが、この近くには、菅原道真の住んでいた「紅梅殿」（五条坊門北、西洞院東の方四町）があり、また後に大江匡房《まさふさ》の購入した「千種《ちくさ》殿」（五条南、西洞院東の方四町）もあったという。

次に、清行ゆかりの寺をみる。その一つは、現在も南区吉祥院里内町《きっしょういんさとのうち》にある〝三善院《さんぜんいん》〟であって、『吉祥院天満宮詳細録』所引の『三善院縁起』には、次のように記されている。

三善清行卿は、常に菅公につきて学問を学び文章博士に取立てられ給ひければ、度々吉祥院の御本邸へ御訪問あり。（中略）菅公薨じ給ひて六年の後、即ち延喜九年、三善清行卿は、子の浄蔵貴所に商量し（中略）、吉祥院天女堂の前、法華講堂の辺りに一宇を建立し、以て十一面観世音の尊像を遷し奉り、清行《せいこう》山《ざん》三善院浄蔵寺と名づけ給へり。

この縁起は、「天承元年（一一三一）五月十八日書写」という奥書をもち、故山下音吉氏が密蔵していた由であるが、内容は頗る疑わしい。延喜九年（九〇九）といえば、前述のごとく時平の薨じた年である。従って、この年に清行が浄蔵と相談して当寺を建立したという筋書は、あたかも清行が、時平の病床を見舞い、道真の霊に命ぜられて浄蔵の加持を制止したというエピソードと同じく、菅霊信仰から作り出された伝説であろう。なお、この近くの西寺址には「浄蔵貴所之碑」がある。

善法寺

さて、いま一つは、かつて左京区岡崎東天王町にあった〝善法寺〟。『中古京師内外地図』には、東光寺東天王祠の南隣に「善法三昧院《さんまいいん》」とあるが、これ即ち善法寺に他ならない（『朝野群載』所収文書に明証がある）。現在の岡崎神社境内と考えてよいであろう。当寺の創建については、平安末期に著わされた『伊呂波字類抄』（第十）には、「善法寺 東光寺の中 此の寺、もと延喜御宇の宰相、三善卿の華亭なり。終《つい》に基趾を改め、始めて道場と為す。」とあるが、南北朝時代の『空華《くうげ》集』では、清行の請により醍醐

善法寺の址（京都市左京区岡崎東天王町，岡崎神社境内）

天皇が延喜十六年（九一六）に建立せしめられたことになっている。いずれも真偽のほどは確かめ難いが、善法寺という名称から考えて、当寺が三善氏（清行と同系か否かは別）の菩提寺であったことは、間違いないであろう。

最後に、清行が浄蔵の加持によって一時蘇生したのは、堀川の一条に懸る橋の上であったという。前述の『撰集抄』（巻六）によれば、「（堀川）一条の橋をば、もどり橋といへるは、宰相（清行）のよみがへり給へるゆゑに、名付て侍る。」とあり、江戸中期の『都名所図会《ずえ》』（巻一）などにも、絵入りで同様の説明がみえる。

一条戻橋

この〝戻橋〟という名は、すでに『源氏物語』や『扶木集』などの和歌にも詠み込まれているが、それを清行の蘇生説話と結びつけるようになったのは、おそらく中世以降であろう。一条戻橋は、現在鉄筋コンクリート造りの小さな橋(長さ五・五メートル 幅四・五メートル)であるが、その位置は古来まったく異動がないといわれている(竹村俊則氏『新撰京都名所図会』第三巻参照)。

清行の墓碑

なお、清行の墓碑と称するものがある。それは、銀閣寺から白川街道を東へ一キロほど入ったところ(比叡山ドライブウエイの途中)にあり、三尺立方程度の台石の上に建てられた二尺たらずの自然石には、「参議　三善清行卿墳《つか》」と刻まれている。古老

現在の一条戻橋（京都市上京区一条堀川通）

の話では、これを「三善地蔵尊」と呼んで昔から大切に管理してきたというが、現存の墓碑は、どうみても中世以前のものとは思われない。このほか、清行の墓は、西寺金堂の近傍にあったとか、北野天満宮の近辺にあったという伝説もある。

「参議三善清行卿墳」
（京都市左京区北白川琵琶町）

二　家族と子孫

清行の家族として何らかの手懸りがえられるのは、父親の氏吉と母親（佐伯氏）、兄の清江と弟の清風、妻妾の一人（嵯峨天皇孫女）、および長男の文江と次男の文明、八男の浄蔵と日蔵、などである。いずれも断片的な消息しか伝わっていないが、ここでは兄弟と子孫について略述しよう。

兄の清江

まず、清行の兄と思われる清江は、清和天皇即位前後に左大史を勤めていた（『大日本古文書』（東南院文書の二）所収の天安二年十二月二十五日文書に左大史正六位上三善宿禰「清江」の署名が見える）。貞観四年（八六二）正月、美濃介に転ぜられたが、その直後、父氏吉が病死したので、一年間喪に服して翌春赴任。同九年、帰京して従五位下に叙されたのも束の間、再び丹波介に遷任している（『三代実録』）。

弟の清風

一方、弟の清風は、『二中歴』（第十二）に文章道出身の五位クラス詩人としてみえ、清行と同じ文人の資質をもっていたようである。しかし、その極官《ごっかん》は「備前守（イ介）」にすぎない。つまり、清行の兄弟は、父氏吉と大差のない五位どまりの受領《ずりょう》として終ったのである。そうした家柄の三男に生まれながら、清行が、従四位上参議兼宮内卿にまで昇進しえたのは、文人官吏としての並優れた才能と、それを必要とする時代の趨勢《すうせい》とに恵まれたからだ、といってよいであろう。

しからば、清行の子供たちは、それぞれどのような道を歩んだのか。まず長男

長男の文江

の文江は、父の期待に応《こた》えて文人官吏となり、延喜後半から承平年間にかけて、大学頭・大内記・右中弁・文章博士などの儒職を歴任している。彼の詩文は余り現存しないが、『扶桑集』の欠失部分には、彼の詩も収められていたようである（『二中歴』詩人歴）。管見にふれた文章をあげれば、延喜二十一年（九二一）十月、空海に「本覚大師」の諡《し》号《ごう》追賜を請うた上表文は、「大学頭三善文江作」である（『高野大師御広伝』下）。また同二十三年四月、醍醐天皇が道真を右大臣正二位に復官贈位された詔書は、『政事要略』（巻二十二）に「大内記三善文以（マヽ）作」とあるが、文以は文江の誤写であろう。さらに延長四年七月、宇多法皇が故左大臣源融《とおる》のために誦経を修せられたときの諷誦文も、文江の代作である（『扶桑略記』）。

母の忌服

なお、延長九年四月、年号を「承平」と改元されたさい、「文章博士三善文江朝臣」は〝重服《じゅうぶく》〟に依り、吉事に預かれなかったという（『改元部類』所引『李部王記』延長九年四月二十六日条）。この場合、重服は文江の母（清行の妻）の忌服《きぶく》を意味するものと思われるが、一夫多妻を通例とする当時のことにて、その女性が浄蔵の母(嵯峨天皇孫女)と同一人であったか否かは速断できない。

次男の文明

次に次男の文明も、文江と同じく文章道出身者である。しかし、その事績は、天暦二年(九四八)夏、式部少輔として、先輩の文章博士橘直幹《なおもと》らと共に、文章生試を臨監したことが知られるにすぎない(『類聚符宣抄』九)。なお、天慶四年(九四一)九月の備前国解状《げじよう》(『本朝世紀』所引)にみえる「三善文公」や『続古事談』(第二)にみえる「三善文君」は、文江や文明の兄弟かとも思われるが、推測の域を出ない。

八男の浄蔵

一方、八男の浄蔵は、寛平三年(八九一)、清行四十五歳のときに生まれたが、幼少のころより仏法に心を寄せ、父の許しをえて各地へ修業に出かけ、十二歳のとき(延喜二年)宇多法皇の仏弟子となった。それ以後、玄昭律師・大恵大法師などに師事し、「凡そ顕密・悉曇《しったん》・管絃・天文・易道・卜筮《ぼくぜい》・占相・教化・医道・修験・陀《だ》羅尼《らに》・音曲・文章、種々の才芸、悉《ことごと》く以つて抜群」といわれるほど、あらゆる方面に精通した。とくに、その法力で難病を平癒させ、死者を蘇生せしめ、また災害や冥期《めいご》を予言したという（『拾遺往生伝』中）。前述の清行を蘇生せしめた話も、その一例であるが、それらが必ずしも後の作り話でないことは、村上天皇の御記に、浄蔵が中宮安子を加持して蘇生せしめた話もみえる（応和四年四月二十九日条、『大鏡裏書』所引）。

浄蔵の女性関係

しかし、それほど加持祈禱に効験を示した浄蔵も、女性には心奪われ、愛欲に煩悶する凡夫にすぎない一面を持っていた。『大和物語』（六十二段と百五段）によれば、浄蔵は少なくとも二人の女性（「のうさんの君といひける人」および近江介平中興の娘）と深い仲におちいり、恋文のやりとりを重ねたという。後世、布施氏と飯尾氏は、浄蔵の子孫と称しているが、さもあろう。康保元年（九六四）十一月、東山の雲居《うんご》寺で入滅。時に定額僧大法師、七十四歳であった（『扶桑略記』）。子の一人「興光」は伯父文江の養子になった（『日本高僧伝要文抄』）。

日蔵は浄蔵の弟か

なお、『二中歴』（第十三能人歴）には「善相公（清行）易筮《えきぜい》を三家に伝ふ。舎弟日蔵は醍醐説なり、一男文江は算家説なり。」とあるが、この日蔵は、むしろ浄蔵の弟（実弟か法弟）と考えるべきであろう。大江匡房《まさふさ》の『本朝神仙伝』（第三十七）には「沙門日蔵は、何国の人といふを知らず。(中略)昔、金峯山《きんぷせん》に於て深く禅定《ぜんじよう》に入り、金剛蔵王ならびに菅丞相(道真)の霊に見《まみ》ゆること、別記にみえたり。」と曖昧《あいまい》な書き方をしているが、この「別記」にあたる日蔵(旧名道賢)の「冥途記《めいどき》」が『扶桑略記』(天慶四年春三月条)に引用されている。これによれば、日蔵は延喜五年(九〇五)の生まれで、時に清行五十九歳。さしずめ浄蔵の弟とみるのが無難であろう(『源平盛衰記』巻十五に「朱雀院御子ニ日蔵上人トテ……紘ノ道ニ長ジ給タリ。」とあるが、この御子は御字の誤写であろう)。もし、この推定に間違いなければ、清行の子供は九名以上おり、そのうち早く生まれた文江と文明は、父と同じ文人官吏の道を歩んだが、後に生まれた浄蔵と日蔵は、仏門に入って名を揚げたことになる。

文明の子の道統

しかしながら、その子供たちの後裔《こうえい》は、ほとんど明らかでなく、わずかに次男文明の子と、孫らしき人物が知られるにすぎない。すなわち、三善道統《みちむね》は、天暦七年(九五三)に文章生となり、五年後に文章得業生に選ばれ、七年の程期《ていき》をへて方《ほう》略試《りやくし》を受けたが、その推挙状に「二代の儒胤、一時の俊才」と記されている(『類聚符宣抄』第九応和二年四月二十五日付奏状）。〝二代〟とは清行と文明のことであろう。応和三年（九六三）自宅で詩合《しあわせ》（詩人左右にわかれて詠詩の優劣を争う遊び）を催して判者を勤めている（群書類従所収の『善秀才宅詩合』）。また翌年六月、「今年甲子運数の事」を勘申した（続群書類従所収の『応和四年革令勘文』）。これは、天徳五年辛酉を応和と改元された村上天皇が、今年（応和四年）甲子も〝甲子革令〟説に従って改元すべきか否か、識者に諮問されたときの答申であるが、蔵人所に出頭したさいにも、道統は次のように説明している。

祖父清行朝臣が伝ふるところの王肇《おうちょう》『開元暦紀経《かいげんれきききょう》』を案ずるに、今年は革命（令）に当たらず。但し易説ならびに詩説も無きに非ず。依りて徳行を施さるゝに何の妨げ有らんや（『応和四年革令勘文』所引『村上天皇御記』六月十八日）。

道統の強味

つまり、道統の強味は、祖父伝来の家説を継承しているという点であった。これは、一緒に蔵人所へ出頭した天文博士の賀茂保憲《かものやすのり》も「道統家説に依つて説陳せり、尤も然る可し。」（同右）と認めており、この「家説」に対する評価は、これ以後ます

輔忠は道統の子か

ます高くなってゆく（次項参照）。しかし、道統の本領は文章道であって、安和二年（九六九）大学頭、天延元年（九七三）文章博士となった。のち讒言《ざんげん》により一時左降されたらしい（『日本詩紀』巻二十八注記）が、天元二年（九七九）には勘解由次官《かげゆのすけ》から弁官兼右近衛権佐に挙げられんことを請うている（『朝野群載』巻七天元二年正月二十日奏状）。しかも、その後十数年をへた長徳三年（九九七）、文章博士として重陽宴《ちょうようのえん》に召され、詩題を献じたことが知られる（『小右記』九月九日条）。

なお、道統は天禄元年（九七〇）、左大臣藤原在衡《ありひら》主催の尚歯会《しょうしかい》（長寿の祝賀会）に参列したが、そのさい「学生三善輔忠《すけただ》」も同席して詩を詠んでいる（群書類従所収『粟田左府尚歯会詩』）。この輔忠《すけただ》は、おそらく永祚《えいそ》元年の改元詔書を清書した「大内記三善朝臣佐忠《すけただ》」と同一人物であり（続群書類従所収『改元部類』）、かつ道統の子供であろうか。しかし、仮にそうだとしても、これ以後に三善氏から大学頭・文章博士は出ていない。清行直系の〝儒胤〟は、輔忠あたりで途切れてしまったのであろう（ただし、系譜不明の者なら、詩文集等に、篤信・為政・豊山などみゆ）。

ところが、水戸の丸山可澄《よしずみ》が編纂した『諸家系図纂』（巻二十七の上）には、「南家系図」

と題する系図があり、その冒頭に清行の名がみえる。この系図は、かつて『系図綜覧』(巻下)に収録され、また『群書解題』(第三中)にも引用されており、さらに拙稿「続類従未収本『三善氏系図』考」(『塙検校歿後百五十年記念論文集』)には、古写本の校異を示しておいたので、ここには問題の箇所のみ抄出し、私見による訂正を注記して掲げよう。

「南家系図」

※原注は左脇に移し、私見は右脇に示す。
※──×は不連続、─?は未確認、……は養子縁組、──は血縁関係を示す。

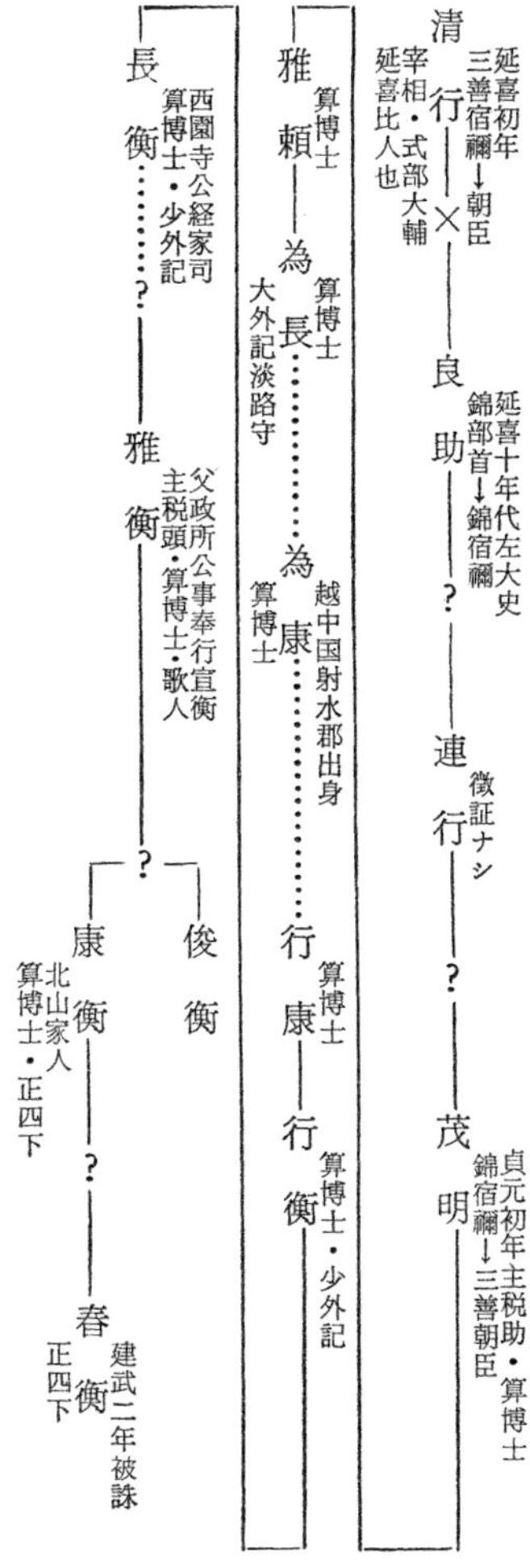

算博士家の系譜

このように「南家系図」は、清行を冒頭に掲げているが、その主体は茂明以下数代にわたる算博士の系譜である（『二中歴』第二参照）。しかも、その算博士は必ずしも血縁の世襲ではなく、『朝野群載』の編者として有名な為康など二−三の人は養子であったことが確認できる（『新修本朝往生伝』『元亨釈書』など）。そのうえ、致命的な問題は、この算博士家三善氏と、わが清行との系譜が、実は全く別だということである。前述のごとく、清行は百済系帰化人の後裔であった。ところが、貞元二年（九七六）、左少史錦宿禰時佐が〃三善朝臣〃への改氏姓を請うた解文《げぶみ》によれば、「謹みて旧記を検《けみ》するに、時佐の先、漢の東海王の後 波能志より出づ。（中略）謹みて先例を検するに、外記、官史、主計主税の助、改姓の者古今尤も多し。近くは（四例省略）主税助・錦宿禰茂明、三善朝臣の姓を賜はる。」とあり（『類聚符宣抄』巻七貞元二年五月十日太政官符所引解文）、茂明は漢族系帰化人の後裔であったことになる。

錦宿禰より三善朝臣へ

それにも拘わらず、この系図は、全く系統の違う清行と茂明を直系の血縁であ

雅衡、権貴に属し算博士家を再興

南家と称した理由

るかのごとく繋ぎ合わせている。想うに、これは算博士家三善氏を再興した雅衡《まさひら》あたりが、その出自《しゅつじ》を権威づけるために、「延喜比《ころ》」の「宰相」(参議)清行を始祖と言い出したのではなかろうか。北畠親房の『職原抄《しょくげんしょう》』によれば、「算道は当初尤も微々たり。而るに三善雅衡、権貴に属《しょく》して其の家を起こす。」とあるが、たしかに雅衡は、養父長衡(西園寺公経の家司)以来の西園寺家との関係を最大限に利用して、子女を権門貴族と縁組みさせた。すなわち、まず子の経清を藤原(南家)宗清の養子とし、また娘の一人を藤原(御子左家)為教に嫁がせただけでなく、さらに孫娘を二人も後《こう》宮《きゅう》に入れている(『尊卑分脈』『本朝皇胤紹運録』。後深草天皇と康衡の女の間には深性法親王が生まれ、また伏見天皇と後衡の女の間には尊円法親王が生まれている)。このような縁組みは、恐らく西園寺家の仲立ちによってまとめられたのであろうが、そのさい出身を飾るために始祖を延喜の宰相三善清行に求め、あるいは南家藤原氏との関係から三善家をも〝南家〟と称して、「南家系図」の原形を作り出したのではないかと思われる。もし然りとすれば、その操作は、茂明の祖父にあたる良助(延喜十年前の文書には右少史錦部首良助とあり、十年代には左大史錦宿禰良助と記されている。）を清行の子供として接合した公算が強い。

けれども、この算博士家三善氏は、建武中興のさい一大危機に見舞われた。当時、西園寺家の家司《けいし》を勤めていた三善文衡《ふみひら》は、鎌倉幕府の滅亡によって〝関東申《もうし》次《つぎ》〟の権威を失墜した西園寺公宗と共に謀反を企てた。しかし公宗の弟公重の密告によって失敗し、文衡も一味の三善春衡《はるひら》も、共々に処刑されたのである（『建武二年六月記』『太平記』）。「南家系図」が春衡の代で終っているのも、そのためであろう。

問注所執事の三善氏

なお、京都より鎌倉に東下して問注所執事となった三善康信《やすのぶ》の出自は、いまだ明らかでない。しかし、清行の後裔とみなすよりも、算博士家三善氏の一族と考えた方がよさそうである。何となれば康信は、生母が「武衛《ぶえい》（頼朝）の乳母《めのと》の妹」たるにより、「弟康清」を遣わし、流《る》謫《たく》中の頼朝に京都の動静を通報していたという（『吾妻鏡』治承四年六月十九日条）が、その弟康清は、建久二年（一一九一）正月、三善宣衡と共に政所の公事《くじ》奉行に任ぜられている（『吾妻鏡』）。これは康清と宣衡（雅衡の実父）が近い関係にあったことを想像せしめる。また、康信の子孫（のち町野・太田・矢野に分かれる）は、多く民部丞や外記職を踏襲《とうしゅう》しているが、これは算博士家三善氏にふさわしい肩書といえよう。ともあれ、少なくともこの康信一族と清行の子孫との直接的な系譜関係は、なかったと思う。

清行との系譜関係なし

三　後世の清行評

清行は概して積極的なタイプの人物であったから、その在世中より毀誉《きよ》褒貶《ほうへん》も様々なものがあったと思われる。とくに性格も立場も対照的であった道真などは、清行の作品にも言動にも、好感を持っていなかったであろう。しかし、在世中は勿論、その歿後にも、清行を直接・間接に論評した史料はきわめて少ない。ここでは、その数少ない史料を、ほぼ年代順に辿りながら、平安中期以降の清行評を跡づけてみたい。

延喜の代表的詩文家

まず、天慶八年（九四五）ころ、村上天皇の東宮学士大江維時《これとき》は、承和より延喜までの詩人十名の律詩《りっし》を精選して『日観集《にっかんしゅう》』（二十巻、序文のみ現存）を編纂したが、その一人に「相公善清行」を入れている。この点は、『扶桑集』を編纂した紀斉名《ときな》や『和漢朗《わかんろう》詠集《えいしゅう》』を編纂した藤原公任《きんとう》も同様であって、かれらが清行を延喜時代の代表的詩人と評価していたことは間違いない。ただし、清行が得意としたのは、叙情的な詩文よりも、経世的な論策であった。同じく摂関時代に『政事要略』を編纂した明法博士の惟宗允亮《これむねのまさすけ》や『本朝文粋《もんずい》』を編纂した文章博士の藤原明衡《あきひら》が清行の作品（奏状や『意見十二箇条』等）を数多く引用しているのは、そこに法制史料なり規範文章としての高い価値を認めたからであろう。

強引な性格

次に、平安後期から鎌倉時代にできた説話集は、清行の強引な性格と超人的な洞察力をクローズアップしている。たとえば、清行が紀長谷雄と口論して彼を罵倒した話は、『江談抄』（第三）にも『今昔物語』（巻二十四第二十五）にもみえるが、そのなかに

「此レヲ聞ク人思ラク、止事《やんごと》無キ学生《がくしよう》ナル長谷雄ヲ然《し》カ云ケンハ、清行ノ宰相、事(殊)ノ外ノ者ニコソ有ケレ、トゾ讃《ほ》メ感ジケル。」と記されている。これは、事件当時の世評というよりも、説話編者の清行に対する批評と考えてよいであろう。

超人的な洞察力

また、清行が道真に辞職を勧告したことについて、『十訓抄《じゆっきんしょう》』(巻中)は「先見のあやうき事をしらせ奉られける事こそ、懇篤其忠にあらはれ、賢慮神のごとくに速かなり。」と賞讃している。普通の文章博士とは違って、「陰陽《おんみょう》ノ方ヲサヘ極メ」、かつ自ら奇談秘話を集めて『善家秘記』を著わした清行は、説話作家たちには「心賢ク智有ル人」(『今昔物語』巻二十七第三十一)とみられたのである。

辛酉革命説の影響

しかも、清行が後世に最も強い影響を与えたのは、文人とか論客としてよりも、そのような予言者的な性格であった。なかでも昌泰四年に上奏した「請《フ》改元《シテ》応《ゼンコトヲ》天道《ニ》之状」(通称『革命勘文』)は、それ以後、辛酉の年を迎えるごとに想起され、改元決定の重要な論拠とされるようになった。例証は枚挙に遑《いとま》ないが、たとえば、文応二年（一二六一）、中納言藤原忠高は「変革の当否を定むるには、昌泰以来、清行の勘文を以てす。（中略）抑《そもそも》〻明経の本勘文、并びに陰陽暦道の別勘文、偏《ひとえ》に善家の秘説に就く。」と述べ、また永享十三年（一四四一）、暦博士賀茂在成《ありなり》も「昌泰四年の春初、此の術を勘奏して以来、後儒、皆彼の説を以つて標準と為す。」という（続群書類従所収「文応二年革命定」「永享十三年革命勘文」）。つまり、清行は、辛酉年改元説の創唱者として、宮廷公卿や諸道博士に不動の権威を認められるに至ったのである（一条兼良も著書に再三清行説を援用している）。この点を前述の「南家系図」と結びつけて考えれば、かような権威ある辛酉改元論者清行を、算博士家三善氏の始祖とすることは、きわめて好都合なことであり、それを敢てしたのは前述の雅衡あたりではなかろうかと思われる。

大納言正二位を追贈

なお、『大乗院寺社雑事記目録』（続々群書類従所収）の応永十一年（一四〇四）三月二十二日条には、「善宰相（清行）を贈大納言正二位と為す。同息浄蔵貴僧（所）を贈僧正と為す。」とある。しかし、これだけでは、何故この時点で清行と浄蔵の贈官贈位が可能になったのか、明らかにしがたい。あえて推測を試みれば、すでに雅衡あたりから清行の後裔を自称していた算博士家三善氏の子孫が、南北朝統一後、後小松天皇に奏請して勅許をえたのであろうか。

さて、江戸時代に入ると、さまざまの清行評がみられる（この部分、漢文学の大曽根章介氏、水戸学の名越時正氏、国文学の美山靖氏の御示教に依る史料が多い）。それを大別すれば、作品評と人物評に分かれる。しかし、ここでは前者を割愛し、後者について略述しよう。

林鵞峰らの賞讃

まず儒学者のうち、徳川幕府の修史事業（『本朝通鑑』）を担当した林鵞《が》峰《ほう》は、「三善清行の意見十二箇条、之を見て其の忠に感じ其の才を奇とす。乃ち知る、本朝の古に人無しと謂ふべからざるなり。」（『国史館日録』寛文四年十二月二十四日条）と評価するのみならず、「夫れ清行は、本朝千歳の奇才なり。明法を以つて其の家を立つと雖も諸流に該通《がいつう》せり。意見封事の評、正に忠と謂ふべし。辛酉革命の文、天人感応の理に通ずと謂ふべし。菅公の威を憚らず退譲の事を勧む、先見の識有りと謂ふべし。時平の怒を恐れず菅門諸生の錮《こ》を解くことを請ふ、度量人に過ぐるの大有りと謂ふべし。」（『本朝一人一首』巻四）と賞讃している。このように清行の気象と識見を激賞する者は、那《な》波《わ》活《かつ》所《しょ》（『活所遺藁』巻一）・斉藤拙堂《せつどう》（『拙堂文話』巻一）・頼山陽（『日本政記』巻七）・江村北海（『日本詩史』巻一）・巨勢正純（『本朝儒宗伝』下）など、他にも少なくない。

水戸学者らの批判

一方、水戸藩の修史事業（『大日本史』）に従事した安積澹泊《あさかたんぱく》は、その伝賛に「三善清行は醇文奥学《じゅんぶんおうがく》にして、古今を貫穿《かんせん》し、其の革命改元を議するは、高堂隆《こうどうりゅう》の古義を援引するが如く、意見封事を上《たてまつ》るは、賈誼《かぎ》・陸贄《りくし》の時事を指陳《しちん》するが如し。」と批評し、また「月露風雲の徒に較ぶれば、相去ること、啻《ただ》に倍蓰《ばいし》のみならず、国家の策士、斯《ここ》に於いて得たりとなす。」と評価しているが、鷲峰ほど礼讃的ではない。しかも、これが幕末の茅根《ちのね》寒緑《かんろく》あたりになると、「（延喜）当時の弊、此に至る所以《ゆえん》は、藤氏専権、天職を私するの故に由《よ》る」との見地から、「意見封事五千言中、一言も弊の由る所に及ぶ者なきは、清行これを知りて言はざるなり。」

と批判し、さらに「其の才俊なりと雖も、其の学博なりと雖も、何ぞ其の経綸に従事するを望まんや。（中略）其の学徒《いたず》らに姦を飾り世を欺くの資と為るのみ。」（『寒緑遺稿』）とまで非難する。このような清行に対する批判的な見方は、水戸特有の傾向ではなく、藤井懶斎《らんさい》（『国朝諫諍録』上）・安積艮斎《ごんさい》（『日本名家史論抄』巻二）・松林伯鴻《はくこう》（『飯山文存』巻一）・藤森天山（『読史雑述』十三）などにもみられる。

国学者達の関心

以上、儒学者による清行評を数例あげたが、賞讃するにせよ、批判するにせよ、かれらが〝延喜聖代〟の代表的儒者として清行に強い関心を寄せたことは確かである。しかし、それは儒学者ばかりでなく、国学者のなかにも若干みられる。たとえば、荷田春満《かだのあずままろ》の「創国学校啓」は清行の『意見十二箇条』を意識して書かれており、また本居宣長の『暦朝詔詞解《れきちょうしょうしかい》』や上田秋成の『史論』などにも、『意見十二箇条』を部分的に引用している。とくに秋成の『春雨物語《はるさめ》』には、「延喜を聖代といふも阿諛《あゆ》の言ぞ。（中略）三善の清行こそ、いささかもたがへずしてつかふまつるをば、参議式部卿(宮内)にて停められし、選挙の道暗し。意見封事十二条は文もよく、事共も聞くべかりけるを、たゞ〳〵学者は古轍《こてつ》をふみたがへじとて、頑愚《かたくな》の言もある也。」とて、これ以下、序論や第四条・第十二条に対する具体的な批評がみられる。これは、儒学者の清行評が、往々儒教的理念にとらわれ、極端な賞讃か非難に陥りがちであったのに較べれば、公平な論評といえよう。

明治以降の清行評

次に、明治以降の清行評であるが、戦前には清行を直接あつかった論文がない。もちろん、菅原道真論は、甚だ盛んであって、その脇役としての清行に対する批評は、『菅公論纂』(明治三十五年刊、星野恒氏の「菅公論」ほか数篇所収)や『菅公頌徳録《しょうとくろく》』(昭和十九年刊、辻善之助氏の「菅公の性格について」ほか数篇所収)をはじめ、大小の論著にみられる。しかし、清行に主眼が置かれていないためか、江戸時代の儒学者や国学者による清行評を踏襲し敷衍《ふえん》したものが多く、とくに目新しい見解は認められない(算博士家の後裔三善焞彦氏が、明治末年に清行の肖像を画家に描かしめられたのも、菅公ブームと無関係ではあるまい)。

戦後の論文

ところが戦後、清行を直接あつかった専門史家の論文が公表されるに至った。

坂本太郎氏の批判

明治に描かれた清行の肖像（東京都　三善醇雄氏所蔵）

その一つは、坂本太郎氏による「二人の歴史家――菅原道真と三善清行――」（『日本歴史』昭和二十三年三月号）であり、いま一つは、横田健一氏の「妖異と時弊を視る人――三善清行伝小考――」（『史泉』第三十号昭和四十年三月刊）である。このうち前者は、残念ながら清行は「歴史理論家であり、歴史主義的経世家ではあらうが、（道真のごとき）着実なる史学者ではないのである。その論説は、よく時勢に叶《かな》ひ人を動かすに足りるけれども、実は砂上の楼閣《ろうかく》にすぎなかった」

と批判されている。これに対して後者は、一見不可解な清行の予言的論理も「超越的な力が人間世界を強く規制する法則を、易筮《えきぜい》、暦術、陰陽道、占術等によって予知し、理論づけようと努力し、(中略)妖災《ようさい》を避ける手段を政治に実現しようとした」ものであって、そこには「人間の無力感を抱く中世的思惟《しい》、中世的行動の先駆者の姿を明瞭に見得る」と評価されている。おのおの力点は異なるが、ともに傾聴すべき清行評といえよう。

横田健一氏の評価

このほか、岡田正之氏・川口久雄氏・大曾根章介氏なども、漢文学の立場から清行を論評しておられるが、その一端は前述したので(第六の三参照)、ここには省略させて頂こう。なお、私自身は、できるだけ公正に清行の実像を描き出すことに努めたつもりである。が、むろん純粋客観ではありえず、むしろ好みに偏したところがあるかもしれない。その適否は、読者諸賢に御批正頂きたいと思う。

略系図

（断片的な史料により作成したもの。○は確実、△は推定、×は不連続、？は未確認。茂明の子孫は二三一頁に既掲）

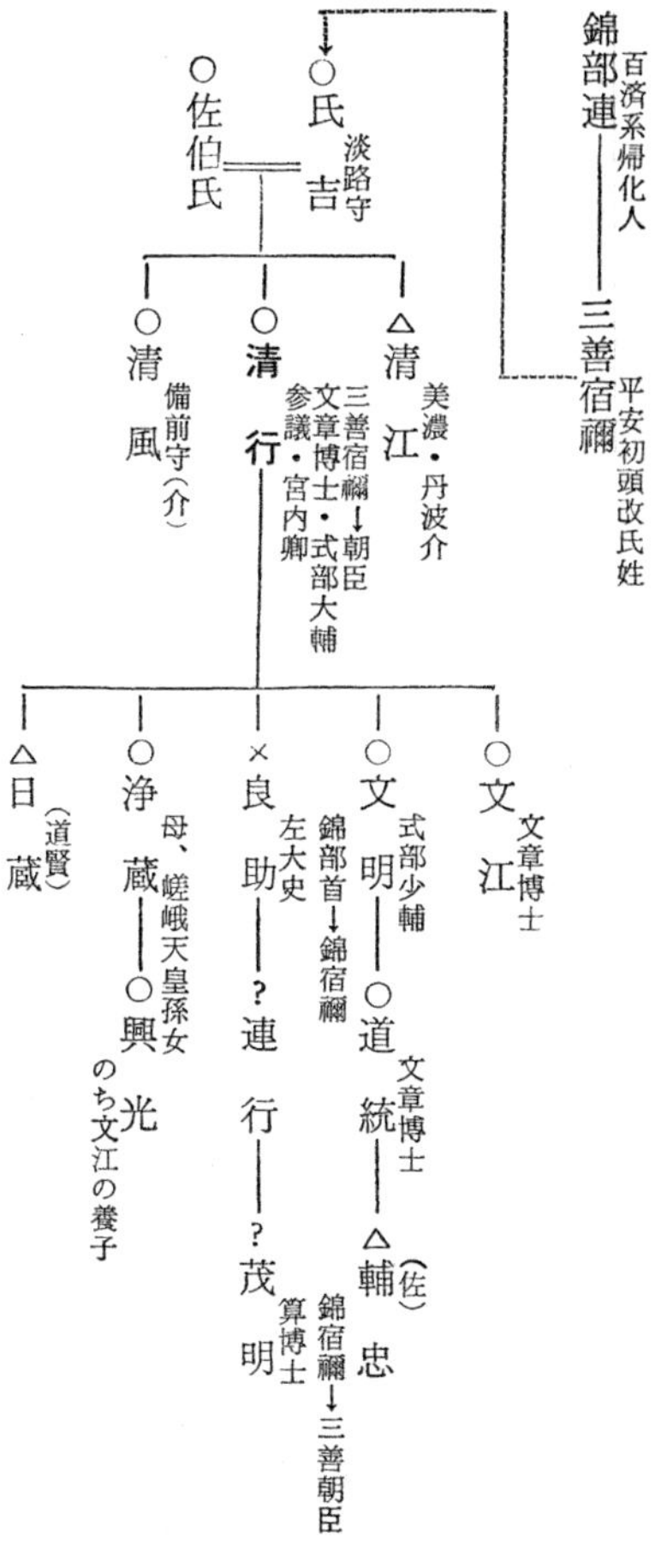

略年譜

年号	西暦	年齢	関係事績	参考事項
承和 九	八四二		七月、父氏吉配流さる	七月、嵯峨上皇崩御（五七歳）○承和の変
一二	八四五		八月、氏吉帰京	是歳、菅原道真誕生○紀長谷雄誕生
一四	八四七	一	是歳、誕生（母佐伯氏）	四月、橘広相文章生となる
嘉祥 三	八五〇	四		三月、仁明天皇崩御（四一歳）○円珍入唐
貞観 四	八六二	一六	春、淡路守氏吉病歿	四月、参議以上に意見封事を徴召
八	八六六	二〇	これより以前、大学入学	閏三月、応天門の変○八月、藤原良房摂政
一五	八七三	二七	春、文章生となる（受業師巨勢文雄）	是歳、文章博士巨勢文雄大学頭兼任
一六	八七四	二八	是歳、文章得業生となる	七月、藤原佐世方略試不合格
元慶 元	八七七	三一	二月五日、釈奠の竟宴詩序を書す○二月二九日、越前少目の得分を受く	一〇月、式部少輔道真文章博士兼任○一一月、大江音人薨（六七歳）

	二	八七八	三二	二月二五日、日本紀講書の都講を勤む	五月、藤原保則を蝦夷征討の出羽権守に任ず（翌々年凱戦）
	三	八七九	三三	一〇月八日、大極殿落成宴の詩序を書く	一一月、長谷雄文章得業生となる
	四	八八〇	三四	正月二一日、播磨権少目の得分を受く	八月、菅原是善薨（六九歳）
	五	八八一	三五	四月二五日、方略試不合格（問者道真）	是歳、道真を難ずる者あり
	六	八八二	三六	八月二九日、日本紀竟宴に物を賜わる	
	七	八八三	三七	五月一日、改判されて合格（丁第）	是歳、長谷雄方略試に合格（問者道真）
	八	八八四	三八	正月一一日、大学少允に任ず	〇二月、光孝天皇即位〇九月、恒貞親王薨
仁和	二	八八六	四〇	正月一六日、少内記に任ず〇五月二六日、文章得業生藤原春海の問頭博士となる	正月、道真讃岐守に転出、大学頭佐世式部少輔を兼ぬ、長谷雄少外記
	三	八八七	四一	正月七日、従五位下に叙す〇二月二日、大内記	八月、宇多天皇践祚〇一一月、基経に対して万機関白の詔を賜わる
	四	八八八	四二	五月二三日および三〇日、佐世・長谷雄らと連署の「阿衡勘文」を上る	正月、意見封事徴召〇四月〜六月、阿衡の論議紛糾〇一〇月、藤原温子（基経の女）入内
寛平	二	八九〇	四四	このころ、天台座主円珍に愛遇さる	五月、橘広相薨（五三歳）〇藤原（京家）冬緒薨（八三歳）

寛平	三	八九一	四五	正月三〇日、肥後介に任ず（遙任）○是歳・八男浄蔵出生○時平主催の法華会に参列	正月、関白基経薨（五六歳）○二月、道真蔵人頭に補す○一〇月、円珍入寂（七八歳）
	四	八九二	四六	八月二六日、試経勅使を勤む	三月、巨勢文雄卒（六九歳）
	五	八九三	四七	正月一一日、備中介に任ず（守は遙任）○四月ごろ、備中国内に疫病流行	二月、道真参議兼式部大輔、長谷雄式部少輔○四月、敦仁親王立太子
	六	八九四	四八		九月、遣唐使中止
	七	八九五	四九		四月、藤原保則卒（七一歳）
	八	八九六	五〇	正月二日、内宴に召され従五位上に叙す	八月、中納言道真民部卿を兼ぬ
	九	八九七	五一	晩秋、帰京	七月、宇多天皇譲位、醍醐天皇即位
昌泰	二	八九九	五三	三月、命婦百済継子に秘話を聞く○九月九日、重陽宴で道真に冷遇さる	二月、時平左大臣、道真右大臣○一〇月、宇多上皇仁和寺にて落飾
	三	九〇〇	五四	二月二〇日、刑部大輔に任ず○五月一五日、文章博士に任ず○六月一三日、『史記』を講述○一〇月一一日、右大臣道真に辞職勧告○一一月二一日、朝廷に明春革命を警告	三月、内大臣藤原高藤薨（六三歳）○九月、奨学院を大学寮南曹とす○秋、彗星出現○一〇月、宇多法皇高野山などに御幸
	四	九〇一	五五	正月、伊勢権介（遙任）を兼ぬ○二月九日、左大臣時平に塞怨進言○二月二二日、辛酉革命説により改元要求○三月一五日、大学頭を兼ぬ	正月、道真および息男と側近たち左遷さる○宇多法皇内裏へ馳せ参ず○三月、藤原穏子入内し女御となる

年号	西暦	年齢	事蹟	参考事項
延喜元	九〇一	五五	七月一五日、辛酉改元を認めらる○九月、善行の七十賀に列し詩を賦す○是歳、意見封事上奏（魚住泊修復案等）	八月、左大臣時平ら『日本三代実録』撰進○九月、大外記大蔵善行七十賀を時平邸で開く
二	九〇二	五六	正月七日、正五位下に叙す○一〇月一九日、『円珍和尚伝』を完成	正月、長谷雄参議に、善行民部少輔に任ず○三月、荘園整理令等の律令再建策を打ち出す
三	九〇三	五七	二月二六日、式部少輔を兼ぬ（三職兼任）	二月、道真大宰府にて薨（五九歳）
四	九〇四	五八	正月七日、従四位下に叙す○五月二八日、大学頭を去る○八月二一日、講書召人となる	二月、崇象（保明）親王立太子○八月、日本紀講書開始（博士藤原春海）
五	九〇五	五九	正月一一日、式部権大輔（兼備中権守）に任ず○八月、延喜格式の編纂員を命ぜらる	四月、『古今和歌集』の編纂開始○八月、延喜格式の編纂開始
六	九〇六	六〇	閏一二月一七日、日本紀竟宴で和歌二首を詠む	七月、藤原定国薨（四〇歳）
七	九〇七	六一	二月一日、『藤原保則伝』を完成○一一月一五日、「延喜格序」を書くか	一一月、延喜通宝銭を通用さす○格撰上（施行は八年一二月より）
八	九〇八			一〇月、藤原菅根卒（五四歳）
九	九〇九	六三	四月四日、時平の病床を見舞い、浄蔵の加持を制止す	正月、藤原興範式部大輔に任ず○四月、時平病死（三九歳）○九月、平惟範卒（五五歳）
一〇	九一〇	六四	正月以前、文章博士を辞す	正月、橘公統と三統理平、文章博士

延喜一一	九一一	六五	九月九日、重陽宴に応製詩を賦す	正月、長谷雄中納言○四月、藤原清貫式部大輔に任ず○五月、『延喜交替式』編纂
一二	九一二	六六		二月、長谷雄薨（六八歳）○大納言忠平に『延喜式』編纂促進の勅あり
一三	九一三	六七	正月二一日、内宴の題を献じ詩を賦す○是冬、『詰眼文』に身心の老衰を描く	三月、右大臣源光怪死（六九歳）○八月、『延喜儀式』編纂
一四	九一四	六八	四月二二日、式部大輔に任ず○同月二九日、『意見十二箇条』上奏	二月、意見封事徴召○五月、左京大火○六月、美服を禁制○八月、忠平右大臣
一五	九一五	六九	正月七日、従四位上に叙す○一一月二一日、中納言藤原定方に給与問題建言	八月、良峯衆樹蔵人頭に補す
一六	九一六	七〇	是歳、勅許をえて善法寺建立か	七月、参議十世王薨（八四歳）
一七	九一七	七一	正月二九日、参議に任ず○五月二〇日、宮内卿を兼ぬ○一一月一日、公卿の朔旦冬至祝賀表を作る○一二月二五日、深紅衣服の禁止を奏請	正月、衆樹参議に任ず○一一月、興範卒（七四歳）○是歳、東宮学士大蔵善行、保明親王に漢書進講
一八	九一八	七二	正月一三日、播磨権守（遙任）を兼ぬ○このころ、『善家秘記』をまとめる○一二月七日、卒去	三月、深紅衣服禁止○九月、非参議源長猷薨（五二歳）

参考文献

1 清行の著作

すべて本文（第六の三）に列挙したが、それぞれの所収刊本は左の通り。

『日本紀竟宴和歌』（『続群書類従』巻四〇四、和歌部）
『扶桑集』『雑言奉和』（『群書類従』巻一二六、巻一三四、文筆部）
『類聚句題抄』（『続群書類従』巻三一七、文筆部）
『和漢朗詠集』（『日本古典文学大系』）
『政事要略』（『新訂増補国史大系』二八）
『本朝文粋』『本朝文集』（同右二九下、三〇）
『革命勘文』（『群書類従』巻四六一、雑部）
『恒貞親王伝』『円珍和尚伝』『藤原保則伝』（『続群書類従』巻一八九、巻一九一、巻二一二、伝部）
『善家秘記』（『政事要略』『扶桑略記』など所引の逸文は和田英松編『国書逸文』所収）

2 関係史料

『公卿補任』第一編（『新訂増補国史大系』五三）
『三代実録』『日本紀略』『扶桑略記』（同右四、一一、一二）
『菅家文草』『菅家後集』（『北野誌』・『日本古典文学大系』）
『紀家集』（『古簡集影』）
『寛平御遺誡』（『群書類従』巻四七五、雑部）
『醍醐天皇御記』（『増補史料大成』一）
『貞信公記』（『大日本古記録』）
『西宮記』（『新訂増補故実叢書』六・七）
『類聚三代格』『延喜式』『類聚符宣抄』『朝野群載』（『新訂増補国史大系』二五、二六、二七、二九上）
『二中歴』（『改定史籍集覧』第二三冊）
『江談抄』（『群書類従』巻一二六、文筆部）
『拾遺往生伝』（『続群書類従』巻一九六、伝部）

『今昔物語』『十訓抄』（『新訂増補国史大系』一七、一八）
『北野天神縁起』（『日本絵巻物全集』）
『伊呂波字類抄』（『日本古典全集』第三期）
『南家系図』（『系図綜覧』下巻。『群書解題』第三中）
『大日本史』（巻一三四列伝 六一）
『大日本史料』（第一篇の一～五）

3 著書

三善焞彦著『清行卿一千年祭記念』（算家三善氏の家譜略述） 大正八年 （自家出版）
和田英松著『本朝書籍目録考証』 昭和一一年 明治書院
川上多助著『平安朝史』上（『綜合日本史大系』） 昭和一四年 内外書籍
辻善之助著『日本仏教史』（上世篇） 昭和一九年 岩波書店
桃裕行著『上代学制の研究』 昭和二二年 目黒書店
徳富蘇峰著『国史随想―平安朝の巻―』 昭和二三年 宝雲舎

岡田正之著	『日本漢文学史』	昭和二九年	吉川弘文館
石母田正著	『古代末期政治史序説』上・下	昭和三一年	未来社
竹内理三著	『律令制と貴族政権』第Ⅱ部	昭和三三年	お茶の水書房
川口久雄著	『平安朝日本漢文学史の研究』上	昭和三四年	明治書院
坂本太郎著	『菅原道真』（人物叢書）	昭和三七年	吉川弘文館
龍　粛著	『平安時代』	昭和三七年	春秋社
村井康彦著	『古代国家解体過程の研究』	昭和四〇年	岩波書店
角田文衛著	『紫式部とその時代』	昭和四一年	角川書店
久木幸男著	『古代儒教と大学寮』	昭和四二年	サイマル出版会
古代学協会編	『延喜天暦時代の研究』	昭和四四年	吉川弘文館
北山茂夫著	『王朝政治史論』（日本歴史叢書）	昭和四五年	岩波書店
森　田　悌著	『平安初期国家の研究』	昭和四五年	現代創造社

このほか、最近出版された北山茂夫著『平安京』（中央公論社『日本の歴史』）、高橋富雄著『平安の都』（文英堂『国民の歴史』）、目崎徳衛著『平安王朝』（講談社『日本歴史全集』）、村井康彦著『平安貴族の世界』（徳間書店）などの一般向け概説書も参考になる。

4 論文

坂本太郎「二人の歴史家」（『日本歴史』一一）昭和二三年 日本歴史学会

今野達「善家秘記と真言伝所引散佚物語」（『国語と国文学』四一六）昭和三三年 東京大学国語国文学会

上横手雅敬「延喜天暦期の天皇と貴族」（『歴史学研究』二二八）昭和三四年 歴史学研究会

藤井駿「備中の国衙について」（『国史論集』上巻）昭和三五年 京都大学

弥永貞三「菅原道真の前半生」（『日本人物史大系』第一巻）昭和三六年 朝倉書店

佐藤宗諄「九・十世紀の国家と農民問題」（『日本史研究』七一）昭和三九年 日本史研究会

柴田実「平安時代前期の歴史思想」（『日本における歴史思想の展開』）昭和四〇年 日本思想史研究会

横田健一「妖異と時弊を視る人」（『史泉』三〇）昭和四〇年 関西大学

大曽根章介「三善清行の意見封事」（『歴史教育』一四ノ六）昭和四一年 歴史教育研究会

阿部猛「三善清行と藤原敦光」（『日本歴史』二四七）昭和四三年 日本歴史学会

目崎徳衛「宇多上皇の院と国政」（『延喜天暦時代の研究』）昭和四四年 吉川弘文館

大曽根章介「漢文学における伝記と巷説」（『言語と文芸』六六）昭和四四年 東京教育大学国語国文学会

5　関係拙稿

「三善清行の前半生」「三善清行の後半生」（『芸林』一七ノ五、一八ノ三）
「三善清行の辛酉革命論」（『神道史研究』一七ノ一）
「『恒貞親王伝』撰者考」（『皇学館論叢』二ノ一）
「『円珍和尚伝』の素材と構成」（『仏教史学』一四ノ三）
「『藤原保則伝』の基礎的考察」（『芸林』二一ノ三）
「三善清行の家族」「三善清行の遺蹟」（『古代文化』二〇ノ一二、二一ノ五）
「延喜格の編纂と三善清行」（『古代文化』二二ノ九）
「続類従未収本『三善氏系図』考」（『塙検校歿後百五十年記念論文集』）
「〝寛平の治〟の再検討」「〝延喜の治〟の再検討」（『皇学館大学研究紀要』五、六）
「〝延喜の治〟の推進力」（『高原先生喜寿記念皇学論集』）
「平安後期の延喜時代観」（『古代学』一四ノ二）
「菅原道真と紀長谷雄の関係」（『古事類苑』月報二五）

「菅原道真の冤罪管見」(『芸林』二〇ノ五)(のち改稿『菅原道真と太宰府天満宮』上巻所収)
「意見封進制度の成立」(『皇学館論叢』創刊号)
「律令時代における意見封進制度の実態」(『延喜天暦時代の研究』)
「国衙〝官長〟の概念と実態」(『日本歴史』二六四)

○追補

会田範治「三善清行の意見十二条」(『綜合法学』一ノ七) 昭和三三年 日本大学
岡田芳朗「三善清行と革命改元」(『日本古代史の諸問題』) 昭和四三年 福村出版
所　功「三善清行伝の補訂」(『芸林』二二ノ五) 昭和四六年 芸林会
矢作武「三善清行『詰眼文』考」上・下(『国文学研究』四四・四五) 昭和四六年 早稲田大学
所　功「延喜の治の実態」(日本の歴史4『平安貴族』) 昭和四八年 研秀出版
矢作武「三善清行の方法――藤原保則伝考――」(『国文学研究』五〇) 昭和四八年 早稲田大学
大谷光男「三善清行の『革命勘文』について」(『創立百年論集』) 昭和五二年 二松学舎大学
竹内理三他『古代政治社会思想』(日本思想大系) 昭和五四年 岩波書店

著者略歴

昭和十六年生れ
昭和四十一年名古屋大学大学院修士課程卒業
皇学館大学文学部助教授、文部省教科書調査官
等を経て
現在　京都産業大学法学部教授、法学博士

主要著書
平安朝儀式書成立史の研究　三代御記逸文集成
年号の歴史　伊勢の神宮　日本の祝祭日

人物叢書　新装版

三善清行

昭和四十五年十月二十六日　第一版第一刷発行
平成　元　年　九　月　一　日　新装版第一刷発行

著　者　所《ところ》　功《いさお》
編集者　日本歴史学会
代表者　児玉幸多
発行者　吉川圭三
発行所　株式会社　吉川弘文館
東京都文京区本郷七丁目二番八号
郵便番号一一三
電話〇三—八一三—九一五一〈代表〉
振替口座東京〇—二四四
印刷＝平文社　製本＝ナショナル製本

『人物叢書』(新装版)刊行のことば

人物叢書は、個人が埋没された歴史書が盛行した時代に、「歴史を動かすものは人間である。個人の伝記が明らかにされないで、歴史の叙述は完全であり得ない」という信念のもとに、専門学者に執筆を依頼し、日本歴史学会が編集し、吉川弘文館が刊行した一大伝記集である。

幸いに読書界の支持を得て、百冊刊行の折には菊池寛賞を授けられる栄誉に浴した。

しかし発行以来すでに四半世紀を経過し、長期品切れ本が増加し、読書界の要望にそい得ない状態にもなったので、この際既刊本の体裁を一新して再編成し、定期的に配本できるような方策をとることにした。既刊本は一八四冊であるが、まだ未刊である重要人物の伝記についても鋭意刊行を進める方針であり、その体裁も新形式をとることとした。

こうして刊行当初の精神に思いを致し、人物叢書を蘇らせようとするのが、今回の企図である。大方のご支援を得ることができれば幸せである。

昭和六十年五月

日本歴史学会
代表者 坂本太郎

〈オンデマンド版〉
三善清行

人物叢書　新装版

2020年（令和2）11月1日　発行

著　者　所《ところ》　功《いさお》

編集者　日本歴史学会
代表者 藤田　覚

発行者　吉川道郎

発行所　株式会社 吉川弘文館
〒113-0033　東京都文京区本郷7丁目2番8号
TEL　03-3813-9151〈代表〉
URL　http://www.yoshikawa-k.co.jp/

印刷・製本　大日本印刷株式会社

所　功（1941～）

ISBN978-4-642-75169-8